LE LI

L'AYURVEDA

Le guide personnel du bien-être

par
Judith H Morrison

Cinquième édition

Le Courrier du Livre
21, rue de Seine 75006

A Gaia Original

Rédaction : Pip Morgan, Fiona Trent, Eleanor Lines
Création : Sara Mathews
Illustrations : Tilney Kurkbride
Direction : Joss Pearson, Patrick Nugent

Ce livre a été publié pour la première fois en Grande Bretagne sous le titre «*The book of Ayurveda*» en 1995 par Gaia books limited, 66 Charlotte Street, London WIP 1LR

Traduit de l'anglais par Gérard Edde

Imprimé par Toppan, Chine

ISBN 2-7029-0325-8

A
A.D.M.

“ Les mots ne créent pas les faits, soit ils les décrivent, soit ils les déforment. Le fait est toujours non-verbal ” (Sri Nisargadatta Maharaj in *I am That*).

Je souhaite sincèrement qu'à travers ce livre vous ayez un aperçu de la profondeur, de la beauté et du potentiel de l'Ayurvéda. Je vous prie de m'excuser pour toute altération des enseignements qui serait due à mon interprétation et j'espère que, en développant votre intérêt pour l'Ayurvéda, vous saurez user de votre esprit de discrimination pour trouver des professeurs authentiques et pleins de compassion.

J'aimerais adresser mes remerciements :
A la libéralité de l'univers, qui m'a fait de nombreux présents, y compris le privilège d'étudier avec des professeurs qui participent à la tradition vivante de l'Ayurvéda
A mes parents
A mes professeurs, le Dr Vasant Lad et le Dr Robert Svoboda
A mon frère
A tout le personnel et tous mes amis de L'institut Ayurvédique d'Albuquerque, pour leur amour, leurs encouragements et leur soutien
A Anne Wyatt et Hart De Fouw, pour avoir bénéficié de leurs talents exceptionnels bien que différents, sans lesquels je n'aurais jamais écrit de livre
Au Dr. Vasant Lad et à la presse ayurvédique, pour leur contribution aux conseils d'alimentation
A Will Foster, pour son aide dans la traduction des sutras en sanskrit
A Duncan Hulin, de la Devon School of Yoga, pour son aide dans la progression des exercices
A Barbara et Jack Savage, Angela Hope-Murray, Richard Barton, Pauline Dunn et Eileen Pettit, pour leur affectueux soutien et leur aide pratique.

Judith Morrison

LE LIVRE DE

L'AYURVEDA

Sommaire

Préface

Nous vivons à l'âge de l'information, une époque où nous sommes littéralement inondés d'informations de toutes sortes. Mais s'il peut être dangereux d'avoir peu de connaissances, il est peut-être risqué d'en avoir trop, à moins que l'on puisse l'organiser de manière fiable. Cela est particulièrement vrai dans le domaine de la santé et de la maladie, car de nos jours nous avons une collection impressionnante de thérapies efficaces mais contradictoires, parmi lesquelles nous pouvons choisir. Bien que chaque thérapeute affirme que sa thérapie est la meilleure, il est clair qu'un remède convient parfois à certaines personnes, mais aucun n'est valable tout le temps et dans tous les cas, parce que tout le monde n'est pas pareil.

C'est parce que les êtres vivants sont si différents que l'Ayurvéda a été développé comme un système médical qui peut être soigneusement adapté aux besoins individuels. La théorie ayurvédique a été utilisée pour organiser tous les types de connaissances et toutes les sortes de thérapeuthiques qui se sont développées en Inde depuis 5000 ans et plus, et elle peut faire la même chose pour les techniques thérapeutiques d'aujourd'hui. Les théories de l'Ayurvéda sur la santé et la maladie sont suffisamment sensé pour pouvoir être comprises par le plus grand nombre. L'Ayurvéda enseigne la connaissance et la découverte de soi ; elle encourage les gens à apprendre qui ils sont, pourquoi ils sont en bonne santé ou deviennent malades et comment ils peuvent changer leur vie et augmenter leur plaisir de vivre en pleine santé.

Comme la sagesse de l'Ayurvéda n'est pas dépendante du temps ni de l'espace, n'importe quelle personne de n'importe quel pays peut en bénéficier, pour autant que ses concepts soient correctement retranscrits dans le langage approprié. Judith Morrison, l'auteur de cet ouvrage, a beaucoup étudié l'Ayurvéda à l'Institut Ayurvédique du Nouveau Mexique, aux Etats-Unis, et le Dr Vasant Lad et moi-même avons grandement apprécié sa contribution à cet énorme travail de traduction. Lisez ce qu'elle a écrit, essayez-le dans votre vie, et vous aurez une expérience personnelle de ce que l'Ayurvéda peut faire pour vous.

Dr. Robert Svoboda, *médecin ayurvédique*

La valeur de l'Ayurvéda

Le rythme croissant de notre vie professionnelle et les sommes d'informations rapidement transmises à travers le monde modifient notre style de vie, souvent au détriment de notre santé physique, mentale et spirituelle. Vous pouvez vous servir de l'Ayurvéda pour rétablir l'équilibre dans votre vie en examinant les qualités que vous expérimentez à travers votre régime, votre travail, vos loisirs et vos relations, et constater de quelle manière tout cela entre en interaction avec votre constitution unique.

Introduction

Chacun sait qu'une constitution robuste procure une bonne santé. Nous connaissons tous des personnes qui semblent avoir une santé solide ; non pas parce qu'elles se maintiennent en forme, se nourrissent convenablement et évitent les excès de toxines, mais parce qu'elles ont été dotées à la naissance d'une force qui les arme pour faire face au stress de la vie moderne et rétablir un équilibre inhérent à leur santé. Et nous aimerions être ainsi : manger et faire ce qui nous plaît, sans souffrir des conséquences !

Mais quelle est cette constitution ? L'Ayurvéda souligne que nous sommes tous nés avec une constitution individuelle qui est unique : une partie intégrante de notre être, un point fixe qui est notre base personnelle de santé, un équilibre que nous rétablissons si nous le souhaitons, mais qui aboutit à la maladie si nous ne le faisons pas.

L'Ayurvéda est un système médical très complet qui est pratiqué depuis des générations en Inde et dans d'autres pays, comme le Sri Lanka. Basé sur les principes de vie fondamentaux observés dans des méditations profondes par les anciens voyants, l'Ayurvéda devient de plus en plus populaire en Occident. Les conseils sur notre style de vie préconisés dans ce livre ont été distillés à partir d'un grand nombre d'enseignements ayurvédiques et sont destinés à nous aider à vivre et à nous nourrir de façon à empêcher la maladie.

L'Ayurvéda est une science de la vie qui est centrée sur les énergies subtiles de toutes sortes — non seulement dans les choses vivantes et inorganiques, mais aussi dans nos pensées, nos émotions et nos actions. La constitution de chaque personne est basée sur une relation particulière avec les trois énergies vitales fondamentales, ou doshas. Connues sous leurs noms sanskrits de vâta, pitta et kapha, ces doshas sont le coeur de l'Ayurvéda. Non seulement elles déterminent notre capacité à être bien portants, mais elles gouvernent aussi la façon dont nous répondons au monde qui nous entoure.

Pour comprendre l'Ayurvéda et " penser ayurvédique ", il nous faut nous familiariser avec les différentes façons qu'ont les énergies de vâta, pitta et kapha de se manifester dans notre vie quotidienne. Ces manifestations peuvent être décrites d'après la manière dont nous les expérimentons. Ce livre est une introduction aux principes de base de l'Ayurvéda et vous aide à identifier les caractéristiques ou qualités des doshas à travers bon nombre d'adjectifs courants que vous connaissez déjà, comme chaud ou froid, léger ou lourd, humide ou sec.

Ce livre vous montre comment évaluer l'équilibre des trois doshas dans votre consitution et comment décider quelle est celle qui prédomine. En d'autres termes, vous pouvez découvrir si vous êtes de type vâta, pitta ou kapha. Mais n'oubliez pas que tout est relatif en Ayurvéda — ces types sont des points de départ pour vous permettre de comprendre votre état de santé.

Comment est déterminée votre constitution ?

L'état des doshas de vos parents au moment où vous avez été conçu est à l'origine de votre constitution. C'est parce que les qualités que vos parents expérimentent continuellement dans la vie affectent les doshas dans chaque cellule de leur corps, y compris le sperme ou l'ovule.

Prenons un simple exemple. Imaginez un futur père doté d'une constitution pitta et exerçant un métier intellectuel qui le met sous pression et stimule son ambition. Son état " doshique " courant est encore plus élevé en pitta que son équilibre constitutionnel. La future mère a une constitution kapha et un travail à mi-temps qui exige peu d'elle. Elle s'ennuie souvent le soir en attendant le retour de son partenaire et passe son temps à grignoter et somnoler devant la télévision. Son énergie kapha sera en excès.

Les trois doshas seront dans la constitution du bébé, mais un, ou peut-être deux prédomineront. Si, au moment de la conception, l'énergie pitta contenue dans le sperme du père est plus forte que l'énergie kapha de l'ovule maternel, kapha sera secondaire. Si le kapha de l'ovule domine, le bébé sera kapha, avec pitta en second. Si kapha et pitta sont d'égale force, le bébé aura une constitution pitta-kapha.

De même, l'état de vos doshas et de ceux de votre partenaire déterminera la constitution de votre progénitu-

Signification du mot Ayurvéda

Ayurveda est un mot sanskrit qui veut dire littéralement " science de la vie ". " Ayur " signifie vie et " Veda " science, ou connaissance.

re. Si vous et votre partenaire souhaitez concevoir un enfant, il faudrait avoir pour but de donner au bébé une constitution bien équilibrée.

Les facteurs intervenant pendant la grossesse, comme le régime de la mère ou sa santé physique et émotionnelle ainsi que les circonstances entourant l'expérience de la naissance, peuvent avoir une influence secondaire sur le constitution.

Les trois âges de la vie

Durant le cycle qui va de la naissance à la mort, nous passons par trois âges différents, chacun étant relié aux fonctions de l'énergie doshique prédominante à cet âge. L'enfance est l'âge de kapha. Le corps grandit et a un besoin constant de nourriture pour développer des tissus résistants. Les indispositions liées aux troubles de kapha sont plus courantes dans l'enfance.

L'âge pitta commence à la puberté et dure jusqu'à la moitié de la vie. De nombreux problèmes comme l'acné connus par les adolescents peuvent être reliés à pitta, puisque c'est ce dosha qui augmente dans le corps. Durant la période pitta, le corps a besoin d'être maintenu dans un état stable et c'est alors que les conditions dues à un excès de pitta, telle de l'acidité accompagnée d'indigestion, sont les plus probables. L'âge vâta commence vers 55 ans, ou à la ménopause chez les femmes. Le métabolisme commence à ralentir et les tissus ne sont plus approvisionnés aussi aisément. Souvent, une sécheresse du corps précède une dégénérescence plus manifeste des tissus. Un régime correct et un massage à l'huile régulier peuvent aider à garder le corps souple.

Opérer des changements

Chaque jour, la proportion des trois doshas en nous est modifiée par ce que nous faisons : manger une nourriture lourde, voler en avion, être assis devant la télévision pendant des heures, boire beaucoup de café le matin, ou rester debout toute la nuit. Tant que ces atteintes à notre équilibre quotidien sont peu importantes et inhabituelles, et que nous prenons nos dispositions pour rétablir l'équilibre de notre constitution, nous devrions rester en bonne santé. Une fois que vous vous serez fait une idée de la nature doshique de votre constitution, vous pourrez continuer en établissant si, oui ou non, votre style de vie vous aide à rester en bonne santé.

Si les rapports entre vâta, pitta et kapha sont pertur-

L'âge et les doshas

Bien qu'un (ou peut-être deux) des doshas prédomine dans votre constitution, vous connaîtrez une augmentation relative : de kapha pendant votre enfance, de pitta au milieu de votre vie, et de vâta après la ménopause et pendant la vieillesse.

bés en vous, il vous faudra vous atteler à retrouver l'équilibre et restaurer l'intégrité de votre constitution. Ce livre comprend de nombreux tableaux, listes et études de cas, ou profils ayurvédiques, qui vous aideront à établir en détail votre style de vie et vous guideront dans les changements que vous pourrez avoir besoin d'apporter.

En Ayurvéda, la mauvaise santé est reliée aux troubles de vâta, pitta et kapha dans le corps. Pour un praticien expérimenté, les qualités des signes et symptômes du corps indiquent le dosha perturbé. Par exemple, une sécheresse excessive dans le corps est fréquemment associée à un trouble de pitta et une lourdeur excessive à un trouble de kapha. Il vous faudra régler votre style de vie en fonction des signes et des symptômes et modifier certaines de vos habitudes afin de retrouver votre bien-être et votre santé.

Mais comment régler votre style de vie ? Tout d'abord, il vous faut découvrir quel est le dosha perturbé et ce qui, dans votre style de vie et votre régime, est la cause de ce trouble. Ensuite, ayant vos qualités en tête, choisissez les mesures que vous aurez à prendre pour rétablir l'équilibre de vos doshas. Les deux principes cruciaux à garder à l'esprit en projetant ces changements sont : “ le semblable augmente le semblable ” et “ les qualités opposées diminuent ”. Ainsi, si votre dosha vâta a augmenté et a besoin d'être pacifié, ne faites pas de choses ou ne mangez pas d'aliments qui augmentent vâta ; au lieu de cela, sélectionnez les choses et mangez les aliments qui sont à l'opposé de vâta.

Equilibre et modération font partie de la vie et de la santé. Par exemple, l'habitude de manger de la nourriture très épicée augmente la chaleur du corps et de l'esprit. Selon votre constitution et d'autres circonstances de votre vie, si cette chaleur devient excessive, elle pourrait contribuer au processus de la maladie — les premiers signes peuvent avoir des qualités “ chaudes ”, telle une éruption accompagnée de démangeaisons ou une attitude inutilement critique de l'esprit. Mais si vous avez une constitution “ froide ”, des aliments épicés peuvent contribuer à maintenir votre équilibre.

En commençant à “ penser ayurvédique ”, vous com-

La bonne médecine

D'après l'Ayurvéda, tout peut être un médicament ou un poison, tout dépend de l'usage que l'on en fait.

De plus, l'Ayurvéda reconnaît qu'aucun traitement ni remède ne convient à tous, ni dans toutes les circonstances. L'art de la bonne médecine comprend deux aspects : il s'agit de comprendre le patient et sa situation, et de savoir comment et quand agir pour assister la nature en apportant l'aide appropriée au patient.

prendrez votre unicité, vos besoins individuels au quotidien pour être en bonne santé, et la façon dont ces besoins évoluent en fonction de votre âge, des saisons et des circonstances de votre vie. En comprenant les principes de base de l'Ayurvéda, vous saurez comment et quand agir, ce que vous devez manger pour garder santé et vitalité, et vous jouirez de la vie au maximum de votre capacité constitutionnelle.

Attention :
Les suggestions et informations données dans ce livre ne remplacent aucunement l'avis d'un médecin qualifié.

Aliments épicés
En comprenant votre équilibre doshique du moment, vous saurez si les aliments épicés peuvent être inclus dans votre régime avec profit.

1ère Partie

Comprendre L'Ayurvéda

1

Les Origines de l'Ayurvéda

व्याधयो हि समुत्पन्नाः सर्वप्राणिभयङ्कराः ।
तद्ब्रूहि मे शमोपायं यथावदमरप्रभो ॥
तस्मै प्रोवाच भगवानायुर्वेदं शतक्रतुः ।
पदैरल्पैर्मतिं बुद्ध्वा विपुलां परमर्षये ॥

" Les maladies causant la peur de toutes les choses vivantes qui sont apparues, ô Seigneur, indique-moi les mesures appropriées à prendre pour en guérir."
Puis le Seigneur (Indra), ayant observé la vaste intelligence du grand sage, lui transmit l'Ayurvéda en quelques mots. "
*(**Charaka Samhitâ**, chapitre 1:18)*

L'Ayurvéda est un système thérapeutique traditionnel de l'Inde, dont les origines sont fermement enracinées dans la culture du sous-continent indien. Il y a 5000 ans et plus, les grands *rishis*, ou voyants de l'Inde ancienne, observèrent les fondements de la vie et les organisèrent en un système. Ils nous ont fait don de l'Ayurvéda, qui est une tradition orale transmise de génération en génération.

Quelques traités d'Ayurvéda datent d'environ 1000 ans av. J.-C.. Le plus connu est la *Charaka Samhitâ*, qui se concentre sur la médecine interne. De nos jours, de nombreux médecins ayurvédiques utilisent l'*Ashtanga Hrdayam*, une compilation plus concise écrite il y a plus de 1000 ans à partir des premiers écrits. Des textes plus récents comprennent des modifications dérivées des systèmes médicaux des cultures étrangères.

Les enseignements ont été rassemblés sous forme de *sûtras*, de courts verts poétiques en sanskrit contenant l'essence d'un sujet et servant d'aide-mémoire aux étudiants. Ceux-ci mémorisaient des textes entiers que leur gourou, ou maître, faisait vivre ensuite en exposant le sens profond contenu dans ces vers. Une partie de ces textes sont disponibles dans leur traduction du sanskrit, mais sans professeur, ils ne sont pas accessibles aux esprits occidentaux.

Le sanskrit, langue classique de l'Inde, reflète la philosophie que renferme l'Ayurvéda et la profondeur qui est en elle. Il dispose d'une grande richesses de mots pour évoquer les aspects qui se trouvent dans la conscience et au-delà. Nous perdons une certaine profondeur de signification en traduisant les mots sanskrits dans nos langues occidentales, qui ne peuvent retranscrire efficacement tous les concepts de l'Ayurvéda. Ce n'est que lorsque des concepts, des idées et des inventions pénètrent une culture que l'on crée les mots et le langage pour eux.

पृथिव्यादीनि तत्त्वानि पुरुषान्तानि पञ्चसु ।
क्रमात् कादिषु वर्गेषु मकारान्तेषु सुव्रते ॥
वाय्वग्निसलिलेन्द्राणां धारणानां चतुष्टयम् ।
तदूर्ध्वं शादि विख्यातं पुरस्ताद् ब्रह्मपञ्चकम् ॥
अमूला तत्क्रमाज्ज्ञेया क्षान्ता सृष्टिरुदाहृता ।
सर्वेषामेव मन्त्राणां विद्यानां च यशस्विनि ॥
इयं योनिः समाख्याता सर्वतन्त्रेषु सर्वदा ।

La langue sanskrite
La sanskrit est une belle langue, puissante, résonante, qui a une structure et une richesse que l'on ne trouve pas dans la plupart des langues modernes. La logique et la beauté du sanskrit reflètent les deux niveaux nécessaire à l'appréciation totale de l'Ayurvéda : le savoir extérieur transmis par les professeurs et les livres, et le savoir intérieur, ou intuition, acquis par l'expérience en appliquant ce que nous apprenons dans notre vie quotidienne.

La Philosophie de la Manifestation

Aucune philosophie n'a eu une plus grande influence sur l'Ayurvéda que la philosophie Sankhya de la création, ou manifestation. Pour utiliser l'Ayurvéda dans votre vie, vous n'avez pas besoin d'accepter, ni même de comprendre cette philosophie. Mais si vous gardez envers elle un esprit ouvert, vous acquerrez une vue plus profonde de la manière dont l'Ayurvéda peut profiter à votre santé.

D'après le Sankhya, il y a, derrière la création, un état de pure existence ou conscience, qui est au-delà du temps et de l'espace, n'a ni commencement ni fin, et pas de qualités. A l'intérieur de cette pure existence s'élève le désir de l'expérimenter, qui a pour conséquence un déséquilibre et provoque la manifestation de l'énergie physique primordiale.

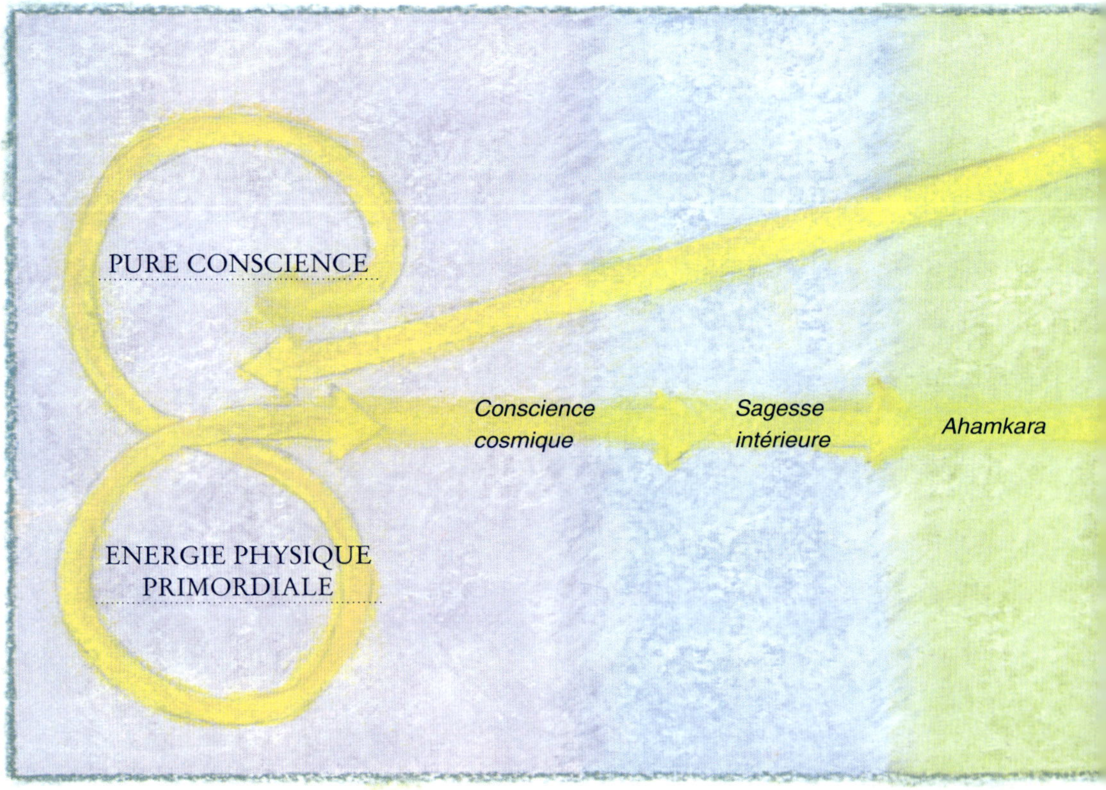

Cette énergie est la force créatrice d'action, une source de forme qualitative. Matière et énergie sont étroitement reliées : quand l'énergie prend forme, nous avons tendance à y penser en terme de matière plutôt que d'énergie. L'énergie physique primordiale est impondérable et ne peut être décrite par des mots. Etant la plus subtile de toutes les énergies, elle est modifiée jusqu'à ce que finalement notre monde mental et physique familier se manifeste.

La pure existence et l'énergie primordiale s'unissent pour que se produise la danse de la création. L'existence pure consiste à simplement " observer " cette dance. L'énergie primordiale et tout ce qui en découle ne peut exister en dehors de l'existence pure ou conscience. Ce concept de conscience est au centre de la philosophie ayurvédique, et, finalement, du maintien de la santé chez les êtres humains.

L'énergie de création
L'énergie de la danse de la création naît de la pure conscience ou existence, l'énergie illimitée de l'univers ; cette énergie est amour.

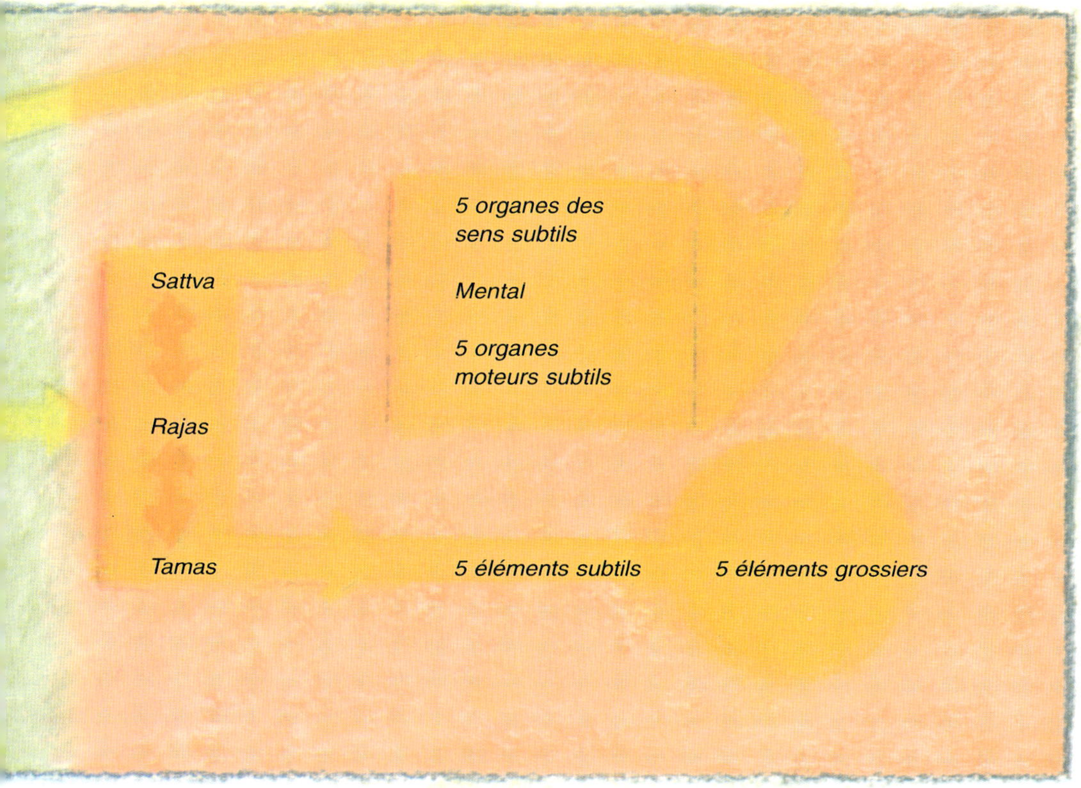

Sagesse intérieure

L'énergie primordiale donne naissance à la conscience cosmique ou intelligence, qui est l'ordre universel qui pénètre toute vie. Votre intelligence individuelle, qui est différente de votre intellect utilisé quotidiennement, est dérivée de cette conscience cosmique et en fait partie. C'est votre sagesse intérieure, la partie de votre individualité qui ne peut être influencée par les exigences de la vie de tous les jours ou par ahamkara, votre sens du « moi ».

Ahamkara est un mot sanskrit qui n'est pas facile à traduire ; c'est un concept qui n'est pas complètement formé en Occident. Parfois, le mot « ego » est considéré comme l'équivalent de ahamkara, mais c'est trompeur, car ahamkara englobe beaucoup plus que cela. En essence, il est la partie de « moi » qui sait quelles parties de la création universelle sont « moi ». C'est mon unique vibration dans laquelle toutes les parties physiques de « moi » résonnent. « Je » ne suis séparé d'aucune partie de la création, mais « j' »ai une identité qui diffère et définit les frontières de « moi ». Les êtres humains ne sont pas seuls à avoir le principe ahamkara ; tous les êtres de la création en participent.

Eléments et organes

Il y a cinq organes des sens et cinq organes moteurs dans le corps physique, chacun d'entre eux ayant une contrepartie dans le corps subtil. Chacun de ces dix organes et les cinq stimuli qui correspondent aux éléments subtils ont une affinité avec l'un des cinq éléments grossiers.

RELIER LES ELEMENTS AVEC LES ORGANES

Elément dense	Elément subtil	Organe des sens	Organe moteur	Fonction
Ether	Son	Oreilles	Cordes vocales	Parler
Air	Toucher	Peau	Mains	Saisir
Feu	Vue	Yeux	Pieds	Bouger
Eau	Goût	Langue	Organes génitaux	Procréer
Terre	Odeur	Nez	Anus	Excréter

Les mondes subjectif et objectif

L'élément suivant de la philosophie de la création est souvent difficile à accepter pour des esprits occidentaux, car ces concepts sont étrangers à ce qui est familier à la plupart d'entre nous, et leur logique est difficile à saisir.

D'ahamkara naît une double création : sattva, comprenant le monde subjectif, capable de percevoir et de manipuler la matière, et tamas, le monde objectif des cinq éléments. Rajas, qui est la force de l'énergie du mouvement, met en contact des éléments des deux mondes, subjectif et objectif.

Le monde subjectif comprend le corps subtil, qui est l'esprit et le potentiel des cinq organes des sens qui nous servent à entendre, percevoir, voir, goûter et sentir, et des cinq organes de l'action nous servant à parler, saisir, bouger, procréer et excréter. L'esprit et les organes subtils sont le pont dressé entre le corps et ahamkara, la sagesse intérieure.

Le corps subtil, avec ahamkara et la sagesse intérieure, est considéré comme la nature essentielle des humains. La philosophie sankhya dit qu'il y a chez les humains huit tempéraments ou tendances fondamentales qui font aussi partie de notre nature la plus profonde. Ce sont la vertu, le vice, la connaissance, l'ignorance, le non-attachement, l'attachement, le pouvoir et l'impuissance. Jusqu'à l'obtention de la connaissance ultime, ces tendances sont la raison de l'existence ordinaire et de la souffrance. C'est cette nature essentielle ou profonde qui " occupe " le corps physique.

Sur le plan subtil, le monde objectif de tamas est le son, le toucher, la vue, le goût et l'odorat — les cinq éléments subtils. Ceux-ci donnent naissance aux éléments denses — l'éther, l'air, le feu, l'eau et la terre — d'où est dérivée toute matière du monde physique. Même au stade des éléments grossiers, la philosophie de la création traite encore des aspects de l'existence qui sont au-delà de nos domaines physiques. Le point essentiel de cette philosophie stipule que nous sommes avant tout un esprit expérimentant la vie.

La création est maintenant

La philosophie sankhya de la création est décrite par étapes pour aider à la compréhension. En réalité, la création, ou manifestation, est maintenant, dans le présent, sans passé ni futur. Ce concept est difficile à appréhender pour notre esprit ordinaire.

LES GRANDS ELÉMENTS

En Ayurvéda, toute chose est composée des cinq éléments denses (souvent appelés grands éléments) — l'éther, l'air, le feu, l'eau et la terre. Ils représentent cinq états, ou qualités de l'énergie ou matière. La science occidentale ne peut les voir ni les mesurer, mais nous les connaissons à travers les qualités de l'énergie et de la matière que nous expérimentons quotidiennement dans notre vie physique, mentale et affective.

Les éléments sont partout et toujours ensemble dans toute chose, en une variété infinie de proportions. Bien que chaque élément ait tout un éventail de qualités, seules certaines sont manifestes dans chaque situation particulière. Cette variété de proportions et de qualités permet une extraordinaire diversité de vie. Les cinq éléments font partie de la danse dynamique de la création : ils sont constamment changeants et interactifs. Un changement intervenant dans un élément affecte tous les autres.

Les éléments dans la vie

Tous les éléments sont présents dans la membrane cellulaire, mais l'élément terre prédomine, donnant à la cellule sa structure. L'élément eau prédomine dans le cytoplasme, le liquide contenu dans la cellule. Les processus du métabolisme régulant la cellule sont principalement gouvernés par l'élément feu. L'élément air prédomine dans les gaz de la cellule. L'espace occupé par la cellule représente l'élément éther.

AIR

L'élément air est gazeux et a des qualités impalpables. Il est léger, clair, sec et se disperse.

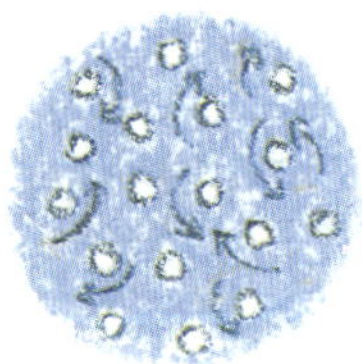

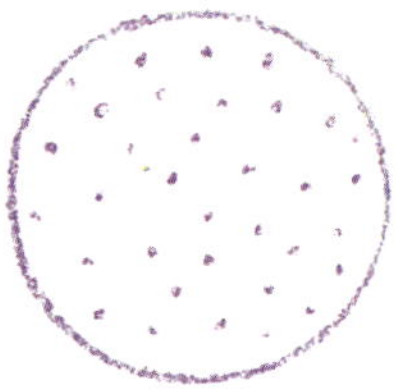

ETHER

L'éther est si subtil que nous y pensons rarement. Il est assimilé à l'étendue ou l'espace.

FEU

Le feu est le pouvoir du changement et de la transformation. Il a les qualités de chaleur, sécheresse et présente un mouvement ascendant.

EAU

L'eau est liquide, froide et coule vers le bas. Elle n'a pas de forme propre.

TERRE

La terre est solide, avec les qualités de lourdeur, dureté et n'indiquant qu'un léger mouvement vers le bas.

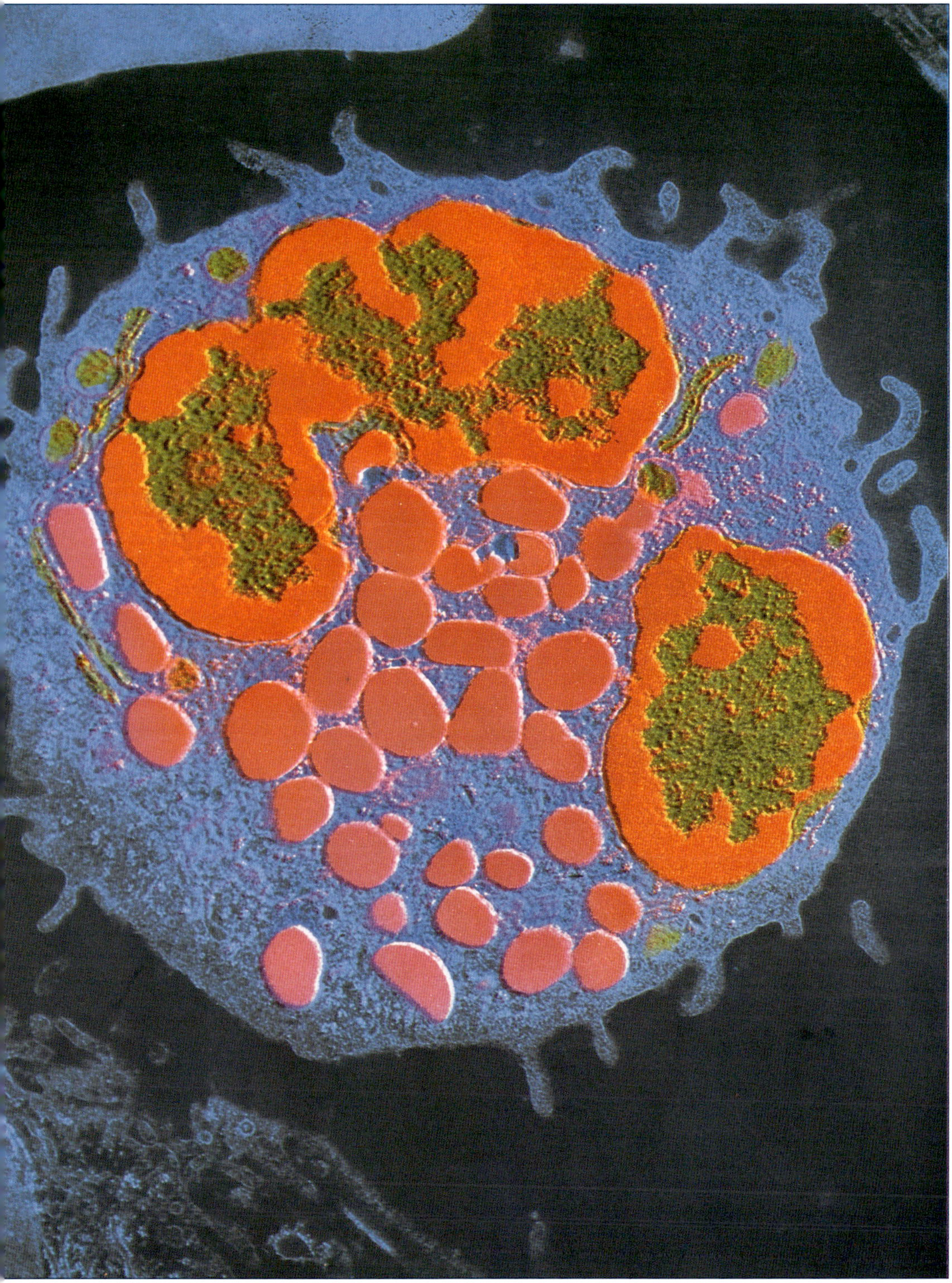

LES QUALITÉS FONDAMENTALES

L'Ayurvéda est la science des qualités. Bien que nous en fassions naturellement l'expérience tous les jours, peu de gens en Occident sont enclins à penser en termes de qualités et à se servir de leurs expériences qualitatives de manière analytique. Pour utiliser l'Ayurvéda, il faut que vous soyez capable de lire les qualités qui sont en vous et dans le monde autour de vous.

En Ayurvéda, des facteurs subtils et insignifiants ont une influence sur une situation. Sa philosophie commence au niveau le plus subtil avec la conscience, puis la connaissance, qui est projetée progressivement jusqu'à ce que nous puissions la percevoir, avec nos sens, dans sa forme manifestée. Ces niveaux subtils et denses sont en interrelation et s'affectent mutuellement à travers l'esprit.

Les méthodes qualitatives et quantitatives de description et d'analyse n'entrent pas en compétition — ce sont juste différents modèles tangibles. Le secret consiste à savoir quand, et pour quoi chacune est appropriée. De nombreuses maladies sont plus facilement décrites en termes d'expériences et de sentiments. La fatigue, par exemple, est difficile à définir clairement, mais peut être décrite en se référant aux qualités expérimentées. En Ayurvéda, les descriptions qualitatives déterminent les mesures bénéfiques que l'on peut prendre pour rétablir la santé.

D'après la Charaka Samhitâ, nous éprouvons toute chose à travers dix couples de qualités fondamentales. Chacune représente les extrêmes d'un continuum (voir page 25). La relation entre un couple de qualités est à la base de deux des règles fondamentales de l'Ayurvéda. Premièrement, le semblable augmente le semblable ; deuxièmement, une qualité est diminuée par sa qualité opposée.

Il n'existe pas d'absolu dans le modèle qualitatif, il n'y a que la relativité. Le chaud n'est chaud que par rapport à quelque chose de plus froid. Pour évaluer quelque chose de manière qualitative, tenez toujours compte du contexte et des circonstances antérieures. Les relations ou interactions entre différentes qualités sont également importantes. Une qualité peut avoir un effet différent sur deux substances. Par exemple, la chaleur ajoute une qualité sèche au pain, mais une qualité liquide au beurre. En apprenant à appréhender les gens en fonction de leurs qualités, il sera facile de comprendre pourquoi chaque individu est unique et réagit de manière très différente en fonction des stimuli et des événements.

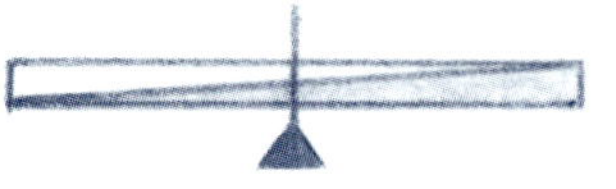

Un couple de qualités

Chaque couple de qualités, comme le chaud et le froid, représente les extrêmes d'un continuum. Si vous sortez de la nourriture du réfrigérateur, elle sera froide. Mettez-la dans le congélateur et elle deviendra plus froide — davantage de qualité froide a été ajoutée. Mettez-la dans le four, ajoutant ainsi une qualité chaude, et elle sera moins froide. Laissez-la suffisamment longtemps et la température sera passée de la moitié froide du continuum à la moitié chaude.

Les dix couples de qualités
Le texte traditionnel, Charaka Samhitâ, énumère 20 qualités organisées en 10 couples. Chaque couple représente deux extrêmes d'un continuum et est relié aux autres. Les deux qualités d'un couple s'influencent mutuellement.

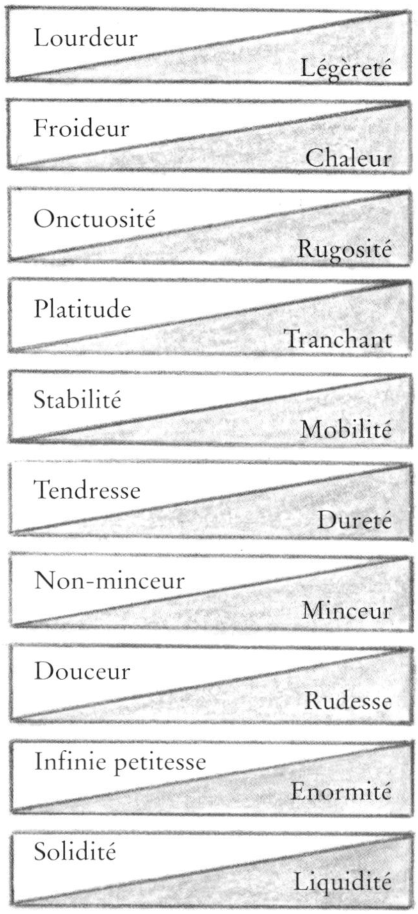

Eléments et qualités
En Ayurvéda, toute chose de notre monde, est faite d'une combinaison des cinq grands éléments, qui manifestent différents aspects et intensités de leurs qualités.
Ici, les grands éléments sont reliés aux qualités fondamentales énumérées par la Charaka Samhitâ.

QUALITÉS DES GRANDS ÉLÉMENTS

ETHER	AIR	FEU	EAU	TERRE
Infinie petitesse	Légèreté	Chaleur	Froideur	Lourdeur
	Mobilité	Légèreté	Liquidité	Solidité
	Rugosité	Tranchant	Tendresse	Stabilité
		Liquidité	Douceur	

2

Les Trois Energies Vitales

वायुः पित्तं कफश्चेति त्रयो दोषाः समासतः ॥
विकृताविकृता देहं घ्नन्ति ते वर्तयन्ति च ।

En résumé, vâyu (vâta), pitta et kapha sont les trois doshas ; elles détruisent et soutiennent (maintiennent) le corps quand elles sont respectivement anormales et normales.
*(**Ashtanga Hrdayam** chapitre 1:6)*

Les rishis comprenaient le monde en fonction des cinq grands éléments. En créant l'Ayurvéda en tant que système de guérison, ils décrivaient ces éléments sous la forme plus simplifiée de trois nergies vitales, ou doshas. Chaque dosha est la combinaison de deux éléments. Les trois doshas sont responsables de tous les processus physiologiques et psychologiques de notre corps et de notre esprit. Ils constituent les forces dynamiques qui déterminent la croissance et le déclin. Chacune de vos caractéristiques physiques, de vos capacités mentales et de vos tendances émotionnelles peut être décrite en fonction des trois doshas.

Les noms sanskrits des trois doshas sont vâta, pitta et kapha. Ils ne sont pas faciles à traduire. Il serait bon que vous appreniez graduellement à reconnaître les effets des doshas dans votre corps et votre vie quotodienne. Les doshas, comme les éléments, ne peuvent être détectés avec nos sens, mais leurs qualités le peuvent. Ce sont celles de leurs deux éléments constitutifs, à la fois individuellement et en combinaison. Ainsi, vâta a les qualités de l'air et de l'éther plus les qualités de la combinaison des deux. Vâta, pitta et kapha ont des rôles spécifiques dans le corps mais ne fonctionnent pas isolément. Bonne santé et bien-être ne sont possibles que si les doshas travaillent harmonieusement ensemble. Il est important de réaliser que les trois doshas changent constamment dans votre être, en raison des qualités de votre style de vie et de votre environnement, comme le temps et la saison (voir page 150-1).

Quand vous serez en mesure de reconnaître les qualités des doshas dans votre corps et les qualités doshiques dans votre vie quotidienne, vous serez capable d'utiliser l'Ayurvéda pour les maintenir dans un sain équilibre par rapport à vous-même. En apprenant à distinguer tout déséquilibre, vous pourrez employer l'Ayurvéda pour rétablir l'équilibre de vos doshas et recouvrer ainsi complètement la santé (voir chapitre 4).

Les trois doshas

Chaque dosha est la combinaison de deux éléments, dont l'un est prédominant. Souvent, on se réfère aux trois doshas — vâta, pitta et kapha (VPK, en abrégé) — respectivement en tant qu'humeurs de l'air, du feu et de l'eau.

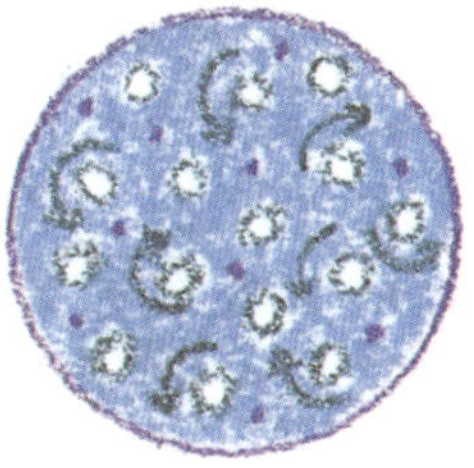

VATA

Vâta est une combinaison des éléments air et éther, avec une prédominance de l'air.

KAPHA

Kapha est une combinaison des éléments eau et terre, avec l'eau comme élément fondamental.

PITTA

Pitta est fondamentalement constitué de l'élément feu, avec l'eau comme élément secondaire.

Les Qualités de VPK

Lorsque vous utilisez l'Ayurvéda, il est important d'avoir connaissance des qualités que vous rencontrez et de les rattacher aux qualités des doshas. Les nombreuses nuances existant dans les qualités de votre vie seront sujettes à confusion ; aussi commencez par regarder les principes généraux associés à chaque dosha. Par exemple, les qualiés d'un jour venteux résument vâta. Le vent est capricieux, souffle en bourrasques, sèche le linge et vous rafraîchit. On ne le voit pas, mais on constate ses effets. La chaleur est associée à pitta. Un feu donne chaleur et lumière et se dirige vers le haut. La chaleur fond et pénètre. Les deux éléments de kapha sont plus équilibrés ; l'humeur est reliée aux qualités humides, lourdes ou solides. La boue en constitue un bon exemple : elle est froide et molle, lourde et dense, elle a tendance à glisser légèrement vers le bas.

Les mots-clés qui décrivent les qualités associées aux doshas sont indiqués dans le tableau ci-dessous. Une fois que vous aurez une idée générale des qualités de chaque dosha, vous pourrez commencer à penser à vous en termes doshiques. Alors vous serez prêt à décider quelles sont les qualités à ajouter ou à diminuer pour que vos doshas continuent à travailler harmonieusement.

Mots clés

Vous saisirez probablement plus rapidement l'idée de VPK si vous vous mettez en mémoire cette liste de mots-clés. Copiez-la et mettez-la bien en vue. Rappelez-vous que les qualités sont un continuum — elles sont toujours relatives et non pas absolues et se trouvent dans un contexte et non pas isolément.

LES QUALITÉS-CLÉS DE VPK

VATA (Air et éther)	PITTA (Feu et eau)	KAPHA (Eau et terre)
Léger	Léger	Lourd
Froid	Chaud	Froid
Sec	Huileux	Huileux
Rugueux	Tranchant	Lent
Subtil	Liquide	Visqueux
Mobile	Aigre	Dense
Clair	Piquant	Doux
Dispersant		Statique
Erratique		Sucré
Astringent		

Quand on étudie l'Ayurvéda, il faut d'abord isoler les concepts de vâta, pitta et kapha pour comprendre leur assortiment de qualités, et seulement ensuite appliquer leurs qualités aux complexités de l'esprit et du corps humain. Les qualités des VPK sont énumérées séparément pour plus de commodité (voir pages 28, 30-1) ; mais les VPK ne sont pas des énergies séparées, mais différents aspects d'une même énergie. Elles sont toujours présentes ensemble en une infinie variété de combinaisons. Au fur et à mesure que votre compréhension augmentera, vous apprécierez la façon dont leurs qualités s'imbriquent les unes dans les autres et sont interreliées.

Votre corps et toutes vos expériences quotidiennes ne présentent pas une, mais de nombreuses qualités. En apprenant à penser de manière qualitative, cherchez les principales qualités de vos sentiments et des situations dans lesquelles vous êtes impliqué ainsi que les caractéristiques physiques de vous-même et de votre entourage. En acquerrant davantage de confiance et d'expérience dans la reconnaissance des qualités, vous finirez par savoir distinguer leurs subtilités.

Qualités des arbres

Les qualités de vâta, pitta et kapha sont tout autour de nous. Si vous allez vous promener parmi les arbres, regardez si vous pouvez distinguer ces qualités chez différentes espèces d'arbres.

Le chêne

Le chêne est un arbre kapha : il est large, robuste, avec un tronc massif, une écorce épaisse et de grosses branches qui lui donnent une silhouette pleine et ronde. Il a une croissance lente, prenant environ 100 ans pour atteindre sa maturité.

Le houx

Le houx montre les qualités de pitta : il est lisse avec un mince tronc gris et des feuilles pointues et piquantes.

Le bouleau

Le bouleau a les qualités de vâta : le tronc élancé et mince oscille au gré du vent soufflant à travers ses branches légères et l'écorce se détache comme une peau sèche. Il atteint son apogée en moins de 50 ans, mais ensuite s'affaiblit rapidement.

QUALITÉS DE VPK

Cette liste comprend certains mots que nous utilisons couramment pour décrire les circonstances de notre vie et les attribue aux qualités-clés de chaque dosha.

QUALITÉS VATA

SEC *aride cassant raide rauque non visqueux desséché flétri ridé*

ERRATIQUE *changeant agité capricieux inconstant irrégulier déséquilibré spasmodique*

DISPERSANT *dissipant évaporant éparpillant répandant étalant*

RUGUEUX *bosselé rude grumeleux âpre enroué irrégulier dentelé inégal squameux rêche*

QUALITÉS PITTA

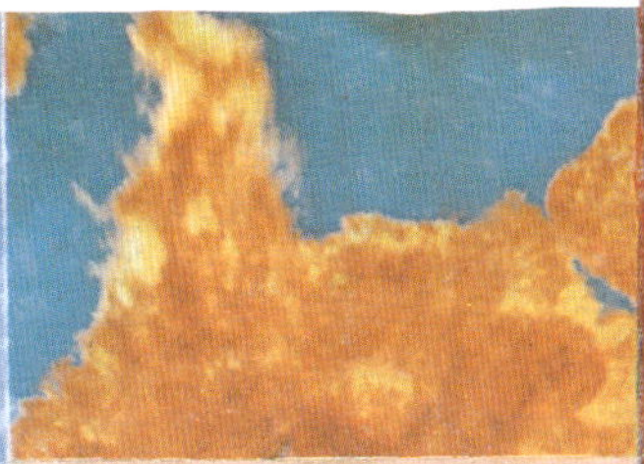

TRANCHANT *coupant curieux inquisiteur aiguisé pénétrant perspicace perçant pointu vif aigu fort*

HUILEUX *gras graisseux sébacé glissant lisse onctueux*

QUALITÉS KAPHA

FROID *amer glacial congelé frais vitreux verglacé*

HUILEUX *gras graisseux cébacé glissant doux onctueux*

LOURD *potelé dense bouffi léthargique indolent massif obèse pâteux*

LENT *dense morne inerte terne traînant somnolent paresseux tardif engourdi*

MOBILE actif animé changeant fluide vif en mouvement courant rapide itinérant
CLAIR vide manifeste moment imperceptible transparent
SUBTIL discret caché imperceptible dans l'instant sensible voilé
LEGER mince duveteux fragile maigrelet fin
FROID amer glacial frais gelé vitreux verglacé
LIQUIDE flottant fluide sans structure humide
LEGER brillant clair feu lumineux pâle irradiant
CHAUD brûlant ardent fougueux enflammé passionné furieux torride tranchant épicé étouffant
DOUX confortable crémeux moelleux flasque spongieux réceptif plongeant
VISQUEUX suintant muqueux huileux baveux glissant lisse doux
STATIQUE calme immobile tranquille
DENSE morne ferme lourd obtus opaque lent solide épais

Qualités Partagées et Opposées

Chaque dosha partage une qualité avec un autre dosha, le troisième ayant la qualité opposée. Par exemple, vâta et pitta ont tous deux une qualité de légèreté ; kapha est lourd. Il existe de légères différences dans la nature des qualités partagées. La légèreté de vâta est liée au poids, celle de pitta à la radiance autant qu'au poids. De manière similaire, vâta et kapha sont tous deux froids, mais vâta est d'un froid sec et kapha d'un froid humide. Vâta n'est pas aussi froid que kapha — par exemple, un climat sec et froid n'est pas ressenti aussi froid qu'un climat humide et froid. Pitta est légèrement huileux, tandis que kapha peut l'être à profusion.

Qualités antagonistes et équilibre

Chaque dosha a une faculté inhérente de régulation et d'équilibre. Cette faculté vient des qualités antagonistes qui proviennent des éléments constituant le dosha. Dans vâta, par exemple, une qualité de l'élément air prédominant est dispersante, mais l'étendue de sa dispersion est déterminée par l'espace (éther). Trop de feu dans pitta peut évaporer l'eau et avoir un effet asséchant ; cependant, trop d'eau étouffe le feu. Dans kapha, une augmentation de la quantité de liquide produit une substance plus fluide, mais une relative surabondance de l'élément terre crée une substance plus solide.

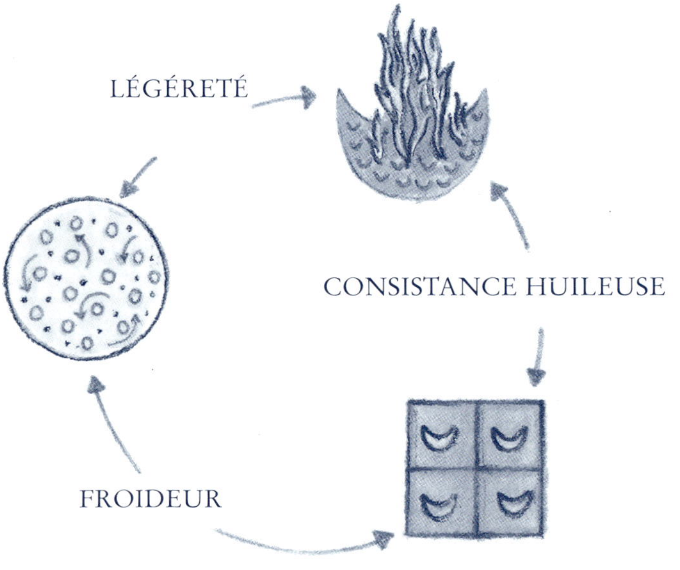

Qualités partagées

Pitta et kapha partagent la qualité huileuse et vâta a la qualité sèche opposée. Vâta et kapha partagent la qualité froide tandis que pitta est chaud. Vâta et pitta partagent la qualité de légèreté tandis que kapha est lourd. Un excès de l'énergie vâta, pitta ou kapha dans le corps est souvent associé aux symptômes qui ont respectivement les qualités sèche, chaude ou lourde.

VPK et Votre Constitution

L'Ayurvéda est la science de l'individu. Vous êtes unique, en ce sens que vous seul répartissez les doshas à votre manière. La proportion des doshas dans votre constitution (voir page 9) et les qualités qu'elle exprime sont aussi uniques pour chaque individu que les empreintes des doigts. Leur proportion est la base qui vous permet de comparer les niveaux courants de vos doshas et elle reflète les tendances caractéristiques et la prédisposition aux maladies.

Bien que les qualités VPK se combinent en une variété infinie chez l'individu, l'Ayurvéda décrit trois types de constitution. Chez les mono-types, un dosha prédomine : ils ont une constitution qui est soit vâta, pitta ou kapha. Chez les types mixtes, il y a deux doshas d'égale force. Le troisième type comprend trois doshas de force égale, ce qui est rare. Lorsque les doshas sont bien combinés, les individus jouissent d'une excellente santé dans la plupart des cas. Mais si les doshas ne sont pas bien associés, l'individu, quelles que soient les précautions qu'il prend, souffre de maladies la plupart du temps.

L'unicité d'un individu survient pour deux raisons. Premièrement, personne ne partage exactement la même proportion de vâta, pitta et kapha. Deuxièmement, il n'y a pas deux personnes qui manifestent les qualités de leurs doshas de manière identique. Vous et votre ami pouvez très bien être tous deux des mono-types avec vâta prédominant dans votre constitution, mais il y aura des différences dans les qualités de vâta, et aussi de pitta et kapha, qui se manifestent en vous.

La connaissance de votre constitution (voir pages38-41) est la première étape permettant d'anticiper les types de déséquilibres qui peuvent vous rendre malade ainsi que le type d'affection dont vous êtes susceptible de souffrir. De même, vos connaissances vous permettront d'adapter votre vie de façon à maintenir l'équilibre de vos doshas, c'est-à-dire maintenir la même proportion de doshas que votre constitution. Une fois que vous y serez parvenu, vous serez en mesure d'obtenir un meilleur équilibre qui vous donnera une vitalité accrue. De manière empirique, le dosha le plus fort de votre constitution aura la plus grande tendance à augmenter, c'est pourquoi vous aurez une prédisposition pour les maladies associées à une augmentation de ce dosha.

CARACTÉRISTIQUES CONSTITUTIONNELLES

Afin d'utiliser l'Ayurvéda pour maintenir forme et vitalité, vous devez savoir quelle est votre constitution — la combinaison originelle de vâta, pitta et kapha dans votre corps. Dans l'idéal, il vous faudrait la confirmation d'un médecin expérimenté en Ayurvéda, qui a appris à établir le diagnostic du pouls ayurvédique. Votre constitution peut aussi être déterminée grâce à une observation précise. Mais jusqu'à présent, il n'y a que peu de personnes en Occident qui aient suffisamment d'expérience pour déterminer une constitution avec précision.

Généralement, les caractéristiques de vâta tendent vers ce qui est extrême, irrégulier, petit, léger ou sec. Celles de pitta vont vers le moyen, mais aigu, rapide et léger. Large, lourd et lent sont des qualités associées à kapha.

Visages différents
Etudiez les visages autour de vous — famille, amis, collègues, relations. Essayez d'attribuer leurs caractéristiques à V, P ou K en vous servant des descriptions indiquées ici. N'oubliez pas que personne n'a un visage correspondant complètement à un dosha ou un autre ; chacun est une combinaison de doshas. Rappelez-vous également que pour déterminer les constitutions, toutes les caractéristiques doivent être prises en compte (voir pages 38-41).

VATA

La peau vâta est fine, sèche, sombre et fraîche ; le cheveu de vâta est fin, foncé, rêche et soit crépu, soit bouclé. Le visage est long et anguleux, le menton souvent pas assez développé. Le cou est mince et maigre. Le nez vâta est petit et étroit, il peut être long, crochu ou asymétrique. Les yeux vâta sont petits, étroits ou enfoncés, marron foncé ou gris, d'une lueur terne. La bouche vâta est petite, les lèvres minces, étroites ou serrées. Les dents sont irrégulières, saillantes ou cassées, implantées sur des gencives molles.

PITTA

La peau pitta est claire, douce, brillante et chaude ; elle prend facilement les coups de soleil. Elle présente des taches de rousseur, de nombreux grains de beauté et a tendance aux rougeurs. Le cheveu pitta est fin et doux, blond ou tirant sur le roux. Le visage est en forme de coeur, souvent avec un menton pointu. Le cou est moyen et proportionné. Le nez est net, pointu, de taille moyenne. Les yeux pitta sont aussi de taille moyenne, soit bleu clair, gris clair ou noisette, avec un éclat intense. La bouche pitta est moyenne ainsi que les lèvres. Les dents sont moyennes et tirant vers le jaune.

KAPHA

La peau kapha est épaisse, grasse, pâle, blanche et froide. Le cheveu kapha est abondant, épais, ondulé, lustré et généralement brun. Le visage est large, rond et plein. Le cou est solide comme un tronc d'arbre. Le nez kapha est large et rond. Les yeux kapha sont grands et attirants, bleus ou marron clair. La bouche kapha est large et les lèvres pleines. Les dents sont grandes et blanches, implantées sur des gencives solides.

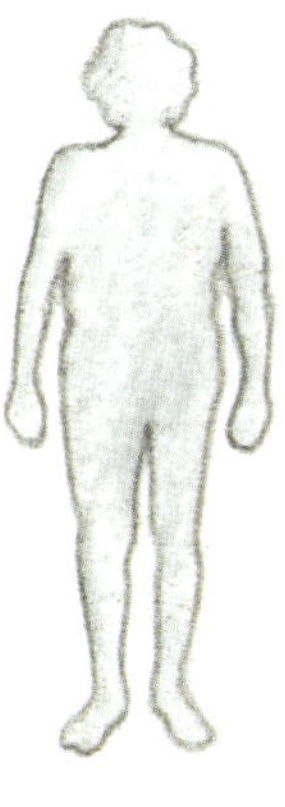

LES DOSHAS ET LE MENTAL

En Ayurvéda, l'esprit a aussi une constitution qui est généralement en étroite corrélation avec votre constitution physique. Les émotions peuvent aussi être classifiées d'après VPK. Les individus ont une tendance naturelle à éprouver certains traits émotionnels, qui seront influencés par leur constitution (voir aussi p.78 et chapitre 7). En règle générale, vous ressentirez plus facilement des émotions positives si vos doshas sont équilibrés.

Etats positifs

Cette liste classifie nos états mentaux et émotionnels positifs d'après VPK. Notre équilibre doshique ordinaire affectera notre manière de penser et de ressentir les choses actuellement. Utilisez cette liste parallèlement aux qualités des pages 30-1.

VATA

Créativité - Enthousiasme - Liberté - Générosité - Joie -Vitalité

Si vous avez une constitution vâta, vous avez probablement un sens artistique et créatif doublé d'une grande imagination, bien qu'il puisse vous sembler difficile de mettre vos idées en pratique dans la mesure où de nouvelles idées sollicitent continuellement votre imagination. Votre mémoire n'est peut-être pas très bonne.

PITTA

Ambition - Concentration - Confiance - Courage - Soif de connaissances - Bonheur - Intelligence

Avoir une constitution pitta signifie généralement que vous avez un esprit très vif et concentré. Vous saisissez rapidement les informations et les manipulez à votre avantage. Vous avez une bonne mémoire pour les informations que vous estimez utiles pour parvenir à vos fins, mais elle est moins bonne pour ce qui est de vous rappeler les dates d'anniversaires.

KAPHA

Attention - Concentration - Compassion - Contentement - Foi - Accomplissement - Assise - Patience - Sensation d'être nourri - Stabilité - Support - Tendresse.

Si kapha prédomine dans votre constitution, vous aurez un esprit stable et fiable. Vous mettrez peut-être du temps pour apprendre, mais vous vous souviendrez de ce que vous avez appris. Il peut parfois y avoir un élément de lourdeur avec un esprit kapha ; il est généralement satisfait sans chercher de nouvelles stimulations mentales.

Le don de l'amour

L'amour est inconditionnel et universel. Il ne peut être affecté par des états physiques, émotionnels ou mentaux, bien que votre capacité à le recevoir et le donner puisse l'être.

FONCTIONS NORMALES DE VPK

Vâta, pitta et kapha ont des fonctions spécifiques dans le corps et l'esprit. Vâta est mobile et est impliqué dans tous les mouvements, amples et petits. Pitta est chaud ; sa fonction principale concerne les transformations métaboliques du corps et l'assimilation des expériences mentales. Kapha est le système d'approvisionnement du corps et fournit également les fluides lubrifiants comme le mucus.

VATA

Stimulation des nerfs
Transmission des stimuli sensoriels
Départ des fonctions motrices
Création des impulsions
Création des réflexes
Maintien de la conscience à travers le prâna, la force de vie
Inspiration et expiration
Battements du coeur
Circulation du sang, oxygène, substances nutritives, pensées
Stimulation des sucs digestifs
Péristaltisme
Elimination normale
Transformation normale des tissus
Ejaculation
Sortie du fœtus de la matrice
Stimulation des larmes
Expression de l'émotion
Enthousiasme
Créativité

PITTA

Toute transformation à l'intérieur de l'esprit et du corps
Digestion, absorption et assimilation de la nourriture
Maintien de la température du corps
Création de la faim et de la soif
Eclat des yeux et de la peau
Vision
Compréhension des stimuli sensoriels
Assimilation des pensées
Identification
Discrimination
Intellect, compréhension et capacité de raisonnement
Confiance
Joie

KAPHA

Protection, par exemple l'estomac enduit de mucosité
Onctuosité
Lubrification, par exemple le liquide synovial dans les articulations
Attachement, fermeté, lourdeur du corps
Douceur du corps
Distribution de la chaleur
Force et endurance
Longévité des cellules et donc de la personne
Sommeil
Mémoire de longue durée
Compétence et sécurité
Compassion
Absence d'avidité

EVALUATION DE LA CONSTITUTION

Les tableaux des trois pages suivantes vous aideront à déterminer votre constitution. Regardez les entrées de la colonne de gauche et établissez ensuite si vous êtes vâta, pitta ou kapha pour cette caractéristiques particulière. Si les concepts de vâta, pitta et kapha sont nouveaux pour vous, recommencez l'évaluation au fur et à mesure que votre compréhension des doshas augmente afin d'obtenir un résultat plus précis.

Soyez honnête et perspicace ; jugez ce que vous êtes, et non ce que vous voudriez être. Recherchez les tendances qui persistent. Par exemple, si votre poids a été moyen pendant 40 ans mais qu'il ait augmenté récemment, il est probable que cela soit dû à votre style de vie plutôt qu'à votre constitution. Effectuez vos évaluations par rapport à votre arrière-plan ethnique. Demandez à un ami qui vous connaît bien de les vérifier. Prenez le temps de réfléchir aux questions, mais pas au point de laisser trop de détails influencer votre jugement. Choisissez la réponse qui vous vient après une considération honnête.

Personne n'est purement vâta, pitta ou kapha. Pour obtenir une évaluation précise, vous aurez probablement besoin de déterminer les influences secondaires. Par exemple, un nez pointu sera pitta, mais s'il est légèrement plus large que la moyenne, il y aura une influence kapha secondaire.

Indications pour remplir les tableaux

- *Photocopiez les pages suivantes pour remplir les tableaux.*
- *Pour chaque entrée, cochez la description doshique qui vous décrit le mieux tel que vous êtes ou avez été la plus grande partie de votre vie. Si deux descriptions vous conviennent également, cochez les deux.*
- *Si vous détectez une forte influence secondaire, marquez-la d'une croix.*
- *Laissez de côté les sujets que vous ne connaissez pas, par exemple la fertilité.*
- *Il n'y a pas de bonnes réponses ou de mauvaises. Utilisez les informations comme un guide pour vous aider à comprendre votre combinaison unique de doshas.*
- *Prenez le temps de considérer les qualités dans cette évaluation. Considérez-la comme un exercice d'apprentissage. Avant de commencer, regardez les questions concernant les personnes qui vous entourent. Cela vous aidera à voir les doshas et vous permettra de reconnaître vos propres qualités. Vous commencerez aussi à vous rendre compte que les descriptions sont toutes relatives — il se peut même que vous vous voyiez d'une manière différente une fois que vous aurez noté les qualités des autres.*

Evaluer les repères et les croix

• Chacun a vâta, pitta et kapha dans sa constitution, vous devriez donc avoir des coches dans les trois colonnes et des croix dans certaines d'entre elles.

• Lorsque vous aurez terminé votre évaluation, ajoutez le nombre total de coches et de croix pour chaque colonne dans chacune des quatre évaluations (aspect physique, caractéristiques physiques, etc.). Le dosha totalisant le plus grand nombre de repères sera votre type de constitution.

• Si les deux doshas les plus élevés sont très proches, vérifiez le nombre de croix que compte chacun d'eux. Si l'un des deux en contient un nombre relativement plus important que l'autre, il pourra désigner votre constitution ; sinon, vous aurez une constitution mixte (voir page 33).

• Si les trois résultats sont très proches et qu'aucune des trois colonnes ne se détache, insistez dans vos réponses sur l'aspect physique et ses caractéristiques, qui constituent les points les plus stables et les moins affectés par les changements de mode de vie. Recommencez l'évaluation lorsque vous aurez acquis plus d' expérience dans la lecture des qualités — une égale proportion des trois doshas est rare.

ASPECT PHYSIQUE

	V	P	K
Taille à la naissance	Petit	Moyen	Grand
Taille	exceptionnellement petit ou grand	Moyen	Grand et robuste, ou petit et râblé
Poids	Léger. Difficulté à prendre du poids	Moyen. Pas de problème pour prendre ou perdre du poids	Lourd. A du mal à perdre du poids
Charpente/ Ossature	Légère, délicate. Hanches/épaules étroites.	Moyenne.	Large. Epaules larges/grosses hanches
Articulations	Proéminentes, sèches, osseuses	Normales. Bien proportionnées	Grosses. Bien formées et lubrifiées.
Musculature	Légère. Tendons proéminents	Moyenne. Ferme	Abondante. Solide
Coches	***Total***	***Total***	***Total***
Croix	***Total***	***Total***	***Total***

CARACTERISTIQUES PHYSIQUES

	V	P	K
Peau	Fine, sèche sombre Fraîche	Claire, douce, lustrée chaude. Taches de rousseur. Nombreux grains de beauté	Epaisse, grasse, pâle ou blanche. Froide
Cheveux	Fins, foncés, drus crépus ou frisés	Fins, doux, blonds ou roux	Abondants, épais, ondulés, brillants, généralement bruns
Forme du visage	Long, anguleux. Menton souvent peu marqué	En forme de coeur. Menton souvent pointu	Large, rond, plein
Cou	Fin. très long ou très court	Moyen. Proportionné	Solide, robuste
Nez	Peut être crochu, petit ou étroit	Droit, pointu, de taille moyenne	Large, rond
Yeux / taille	Petits, étroits ou enfoncés	Moyens	Grands, proéminents
Yeux / couleur	Marron foncé ou gris	Bleu clair ou gris, noisette	Bleus ou marron clair
Yeux / éclat	Terne	Intense	Attirant
Dents	Irrégulières, qui avancent. Gencives molles	Taille moyenne, jaunâtres	Blanches, grandes. Gencives solides
Bouche	Petite Gencives molles	Moyenne	Grande
Lèvres	Minces, étroites, serrées	Moyennes	Grosses, pleines
Coches	***Total***	***Total***	***Total***
Croix	***Total***	***Total***	***Total***

FONCTIONS PHYSIOLOGIQUES

	V	P	K
Sueur	Minimale	Abondante, surtout par temps chaud. Forte odeur de chair ou aigre	Modérée, mais présente même sans exercice
Température	A grand besoin de chaleur	Adore la fraîcheur	N'aime pas le froid
Sommeil	Léger, agité	Bon mais bref	Profond, besoin de beaucoup de sommeil

FONCTIONS PHYSIOLOGIQUES

	V	P	K
Selles et élimination	Irrégulières, constipé Selles dures et sèches.	Régulières. Selles molles	Elimination lente, abondante et lourde
Niveau d'activité	Fait toujours beaucoup de choses, remuant	Moyen	Nonchalant
Endurance	Dépense rapidement son énergie et s'effondre jusqu'à la récupération	Gère bien son énergie	Bonne endurance
Stimulation sexuelle	Intense ; vite épuisée Imagination	Forte ; désir et action synchronisés	Lente ; puis la passion se maintient
Fertilité	Basse	Moyenne	Bonne
Langage	Elocution rapide	Tranchant, clair, précis	Lent, parfois laborieux
Coches	***Total***	***Total***	***Total***
Croix	***Total***	***Total***	***Total***

ASPECTS PSYCHOLOGIQUES

	V	P	K
Pensée	Superficielle avec beaucoup d'idées. Plus de pensées que d'actes	Précise, logique. Bon planificateur et mène ses projets à bien	Calme, lente, ne peut être bousculée. Bon organisateur
Mémoire	Faible à long terme	Bonne, rapide	Bonne à long terme, prend le temps d'apprendre.
Croyances profondes	En change fréquemment, en fonction de la dernière mode	Convictions très fortes qui peuvent dicter la conduite	Croyances solides qui ne sont pas facilement changées
Tendances émotionnelles	Craintif, anxieux inquiet	Coléreux, jugements péremptoires	Avide, possessif
Travail	Créatif	Intellectuel	Tourné vers les autres
Style de vie	Erratique	Affairé, mais désirant accomplir beaucoup	Stable et régulier. Tendance à s'encroûter
Coches	***Total***	***Total***	***Total***
Croix	***Total***	***Total***	***Total***

NESCAFÉ

2ÈME PARTIE

Le Corps en Bonne Santé et dans la Maladie

3

Le Corps en Bonne Santé

दोषधातुमला मूल सदा देहस्य........... ।

Doshas, dhâtus (tissus) et malâ (excrétions) sont les racines (causes, constituants principaux, supports) permanentes du corps (pendant toute la durée de la vie).
Ashtanga Hrdayam *(chapitre 11:1)*

L'Ayurvéda dit que chacun d'entre nous reflète chaque aspect de la création. Comme un hologramme, chaque partie contient potentiellement la connaissance du tout, l'être le plus petit étant reproduit à l'image du plus grand. L'univers est le macrocosme et, nichés en lui, sont les êtres humains, ou microcosmes.

Selon la philosophie du Sankhya (voir p. 18-21), toute matière, y compris nos corps, est constituée des cinq grands éléments. La structure physique et les fonctions du corps sont aussi comprises en fonction des trois doshas (voir p. 37), de même que les aspects de nos processus émotionnels et mentaux.

En bonne santé, les doshas travaillent ensemble pour produire des tissus forts et sains et de bonnes capacités de digestion, assimilation et élimination. Avec des doshas équilibrés, l'esprit et le corps seront en harmonie, produisant une stabilité émotionnelle et de bonnes facultés mentales.

La clé de l'utilisation de l'Ayurvéda consiste à savoir comment vâta, pitta et kapha travaillent dans le corps et comment ils sont affectés par les influences provenant de l'intérieur comme de l'extérieur du corps. Ces influences incluent l'état de votre métabolisme, ce que vous mangez et faites chaque jour, ce que vous pensez et sentez et le climat et l'environnement dans lesquels vous vivez et travaillez. Comprendre et reconnaître les rôles de vâta, pitta et kapha dans le corps en bonne santé vous aidera à comprendre comment ils sont impliqués dans la maladie et la mauvaise santé.

L'Ayurvéda décrit essentiellement les fonctions et successions de purification des tissus dans le corps. Elle décrit également un système subtil de canaux d'énergie, ou nadîs, semblables aux méridiens de la médecine chinoise.

VPK dans le corps

Pour étudier le corps en bonne santé, il vous faut considérer deux aspects principaux des doshas : en tout premier lieu, l'équilibre unique des doshas dans votre corps — votre constitution (voir p. 38-41) ; le deuxième point concerne les divergences de fonctionnement normal de chaque dosha (voir p. 37) et les régions du corps avec lesquelles les doshas ont une affinité particulière (voir pp. 46-7).

En examinant les fonctions de vâta, pitta et kapha dans le corps, reportez-vous à la liste des qualités des doshas des pages 30-1 ; cela vous aidera à comprendre la façon dont l'Ayurvéda est organisée. Il est possible que vous voyiez s'élever un certain nombre de paradoxes et d'ambiguïtés. Mais si vous gardez un esprit ouvert et curieux, vous saurez faire preuve de discernement.

A ce stade, ne tirez pas de conclusions trop hâtives sur votre santé. Il vous faudra d'abord laisser votre compréhension s'approfondir à mesure que vous apprendrez à penser selon la perspective ayurvédique. Comme pour tout nouveau savoir-faire, vous aurez besoin de démarrer avec les principes généraux et vous ne pouvez espérer tout connaître immédiatement. L'habileté vient avec la pratique de même que le fait de juger quels facteurs sont les plus importants pour vous et votre corps. Celui-ci vous est déjà familier et vous pouvez apprendre à relier la façon dont vous vous sentez physiquement et émotionnellement aux qualités des doshas. Lire votre corps à travers ses qualités demande une observation précise et de l'expérience. Vous devrez comprendre ces qualités dans le contexte global de votre esprit, votre âme, votre corps et votre environnement. Il ne faudra pas tirer de conclusions à partir d'un seul facteur.

Les éléments dans le corps

Vâta (air/éther) est surtout en relation avec le mouvement et l'espace dans lequel il se produit. Pitta (feu/eau) est relié au métabolisme et à ses sécrétions. Kapha (eau/terre) donne au corps structure et solidité.

Ether	*Toutes les cavités, par ex. la cavité abdominale*
Air	*Mouvement, respiration*
Feu	*Enzymes, hormones*
Eau	*Tissus liquides, comme la lymphe*
Terre	*Tissus solides*

La classification des parties du corps dans VPK semble contenir des ambiguïtés. Ne les écartez pas, car elles sont le reflet des différents niveaux de compréhension de l'Ayurvéda. Par exemple, les os peuvent être reliés à l'élément terre dans la mesure où ils donnent structure et support au corps. Mais page 47, vous constaterez qu'ils sont un emplacement secondaire de vâta, parce que les os sont poreux et que les espaces qu'ils contiennent sont reliés à l'éther, l'un des éléments vâta.

Les Sièges de Vâta, Pitta et Kapha

En tant que différents aspects d'une même énergie, les doshas sont toujours ensemble. Cependant, chaque dosha est associé à certaines parties du corps, où sa force a tendance à être prédominante. En tout premier lieu, chaque dosha a un endroit principal, ou siège, dans une partie de l'appareil gastro-intestinal.

Le rôle majeur du siège consiste à réguler les petits changements quotidiens du dosha sans troubler de manière importante le fonctionnement du corps. Les petits « excès » d'un dosha (voir pp. 62-3) sont contenus dans ce siège et expulsés du corps via l'appareil gastro-intestinal. Mais l'accumulation d'un excès de dosha dans son « siège » fait partie du stade précoce du processus de la maladie (voir pp. 68-9).

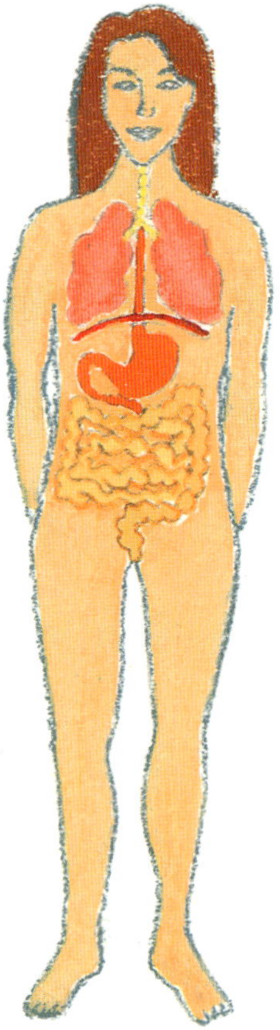

Sièges des doshas
Le siège, ou place principale de chaque dosha dans le système gastro-intestinal.

KAPHA

L'estomac et les poumons sont le siège de kapha.

PITTA

L'estomac et l'intestin grêle sont le siège de pitta.

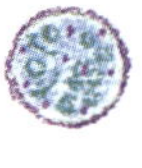

VATA

Le côlon est le siège de vâta.

EMPLACEMENTS SECONDAIRES

En plus de son siège, chaque dosha a une affinité particulière avec des emplacements secondaires (voir ci-dessous) qui sont étroitement reliés à ses fonctions (voir p. 37). Par exemple, le système nerveux constitue un emplacement secondaire de vâta, qui est responsable des mouvements du corps. La vésicule biliaire et par voie de conséquence la bile sont reliées à pitta et la digestion. Une fonction de kapha, la lubrification, est reliée au liquide synovial des articulations.

KAPHA

Membranes muqueuses
Plasma et lymphe
Cytoplasme (dans les cellules)
Matière blanche (du cerveau)
Articulations (membrane et liquide synovial)
Graisse sous-cutanée
Bouche
Nez
Toutes sécrétions, comme le mucus, la salive

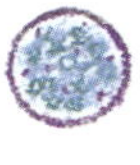

VATA

Cavité pelvienne
Bas du dos
Cuisses
Os
Oreilles
Peau
Système nerveux
Cavités, comme le conduit auditif

PITTA

Foie
Rate
Vésicule biliaire
Sang
Sueur
Yeux
Glandes endocrines, par ex. pituitaire

AGNI

En Ayurvéda, agni contrôle les changements ou épurations du corps et de l'esprit, du plus compact au plus subtil. Ces changements comprennent la digestion et l'absorption de nourriture dans l'appareil gastro-intestinal et les transformations cellulaires, ainsi que l'assimilation des perceptions sensorielles et mentales et des expériences émotionnelles. En tant que tel, agni couvre des successions d'interactions chimiques et de changements dans le corps et l'esprit. Vos facultés « digestives » à tous les niveaux sont reliées à la force de votre agni.

Agni et pitta sont étroitement associés. Tous deux sont chauds et légers, mais les autres qualités d'agni sont la subtilité et la sécheresse. D'après le Dr Vasant Lad (*Ayurveda : The Science of Self-Healing*), « Pitta contient l'énergie de chaleur qui aide la digestion. Cette énergie de chaleur est agni. » La force de résistance du corps à la maladie ainsi que votre force physique sont le fruit de cette énergie de chaleur qui détermine le processus métabolique du corps.

Un agni équilibré est vital pour la santé. L'Ayurvéda considère les troubles d'agni comme une des principales causes de la maladie (voir pp. 76-7). Vous devez tenir compte de votre pouvoir digestif pour décider du régime qui vous convient (voir chapitre 6).

L'Ayurvéda décrit différents agnis dans le corps et l'esprit selon la conversion ou la transformation effectuée. L'agni principal est le feu gastrique, responsable de la digestion des aliments que nous mangeons et qui les transforme en substances que le corps peut absorber. Cet agni est relié aux acides chlorydriques de l'estomac, aux enzymes digestifs et aux sucs secrétés dans l'estomac, le duodénum et l'intestin grêle. Si votre agni digestif est faible, votre capacité de digestion en sera diminuée : il se peut que vous ressentiez des douleurs, de la gêne ou une sensation de lourdeur après avoir mangé, des gaz, ballonnements, constipation ou selles molles (voir pp. 76-7).

LE PROCESSUS DIGESTIF

Une bonne digestion est vitale pour la santé. Pour l'obtenir, il est nécessaire de comprendre votre digestion et de manger en fonction de votre agni, c'est-à-dire de votre capacité digestive. L'alternative — indigestion ou digestion incomplète — conduit à ama (voir p. 77) et le désordre d'un dosha ou plus. D'après l'Ayurvéda, c'est une cause primordiale de maladie.

Souvent, nous ne pensons à nos organes digestifs que lorsque nous ressentons une gêne. La digestion est le moyen qu'a notre corps de " cuire ", ou transformer la nourriture en une forme qui peut être absorbée. Si vous digérez complètement votre nourriture, elle sera absorbée et assimilée par le corps et employée pour construire des tissus robustes et sains (voir pp. 56-7).

Notre capacité de digestion est reliée à la force de votre agni. Une faible digestion entraîne une mauvaise absorption et l'absorption de produits indigestes ou incompatibles qui aboutissent à ama, canaux bouchés, tissus de moindre résistance et doshas perturbés. Une indication de mauvaise absorption est donnée par la trace des dents sur les côtés de la langue.

La digestion à l'intérieur du corps commence dans la bouche. La nourriture stimule vos papilles et vos récepteurs olfactifs. Ces perceptions, via le cerveau, influencent la quantité et la sorte de sucs digestifs (agni) sécrétés dans l'estomac et l'intestin grêle. Le broyage des aliments commence par la mastication qui les mélange à la salive. Plus une bouchée devient liquide quand elle est avalée, mieux c'est ; les particules sont plus petites, augmentant ainsi l'étendue de la surface des aliments, ce qui permet aux sucs digestifs d'agir plus efficacement. La première étape de la digestion est reliée à kapha et la nourriture bien mastiquée est associée au goût sucré (voir pp. 52-5).

Votre estomac mélange les aliments aux enzymes digestifs et à l'acide chlorydrique, qui a la capacité de brûler — le " feu " digestif. C'est le début de l'activité de transformation de pitta, qui était externe, en une part intégrante de vous-même. La durée pendant laquelle les aliments séjournent dans l'estomac dépend de l'individu, et de la nature et quantité de nourriture ingérée.

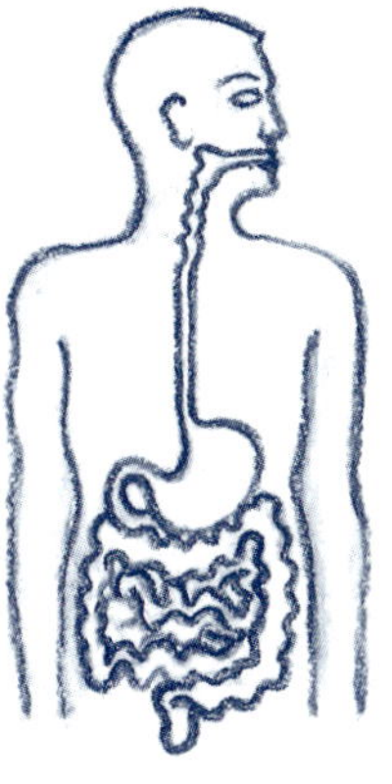

Douleur pendant la digestion
Les étapes du processus digestif sont reliées à vâta, pitta et kapha. Si vous ressentez de la gêne ou des douleurs pendant la digestion, notez combien de temps après le repas la douleur se manifeste. Peu de temps après manger, pendant que la nourriture est dans l'estomac, la douleur indique un déséquilibre de kapha. Deux à quatre heures après le repas, elle peut impliquer un problème de pitta. Des flatulences ou une gêne un bon moment après le repas indiquent un trouble de vâta. Ayez à l'esprit que les signes ou les symptômes ne doivent pas être considérés isolément.

Par exemple, des melons traversent l'estomac plus rapidement que les céréales. En conséquence, si vous mangez des melons au même repas que des céréales, il se peut que celles-ci ne soient pas digérées correctement. Dans les intestins, la bile et les autres processus digestifs poursuivent le processus, transformant les aliments et les préparant pour l'absorption. Si celle-ci est diminuée, vous n'obtiendrez pas tous les nutriments et ne tirerez pas de bienfaits de votre nourriture. Pourtant, un régime simple et facilement digestible aide à l'absorption. La digestion dans l'estomac et l'intestin grêle est associée à pitta et aux goûts aigre et salé (voir pp. 52-5). Cela correspond à l'action des enzymes et des sels de la bile. A un stade plus avancé de la digestion, dans l'ileum, le goût prédominant est piquant.

Le côlon continue le processus d'absorption, notamment de l'eau, du calcium et des autre minéraux. D'après l'Ayurvéda, le côlon absorbe le prâna, la force de vie, que nous obtenons par la respiration et la nourriture. Le prâna provenant de la nourriture approvisionne le réservoir à long terme du corps avec cette force vitale. Si vous avez l'habitude de manger des aliments contenant un prâna insuffisant — ou si la capacité de votre côlon à absorber le prâna est détériorée (par exemple par des flatulences ou des canaux bouchés), votre vitalité peut diminuer, ce qui entraîne de la fatigue. Les étapes finales de la digestion sont associées à vâta et aux goûts amer et astringent.

L'élimination régulière et complète des fèces (voir pp. 126-7) constitue la dernière partie du processus digestif, préparant le système à recevoir d'autres approvisionnements en substances nutritives.

Agni

La transcription littérale d'agni est le feu, et le feu transforme complètement ce qu'il consume.

Besoins digestifs

Les fruits ne devraient pas être mangés avec des aliments, ils se digèrent différemment. Par exemple, vous devriez éviter de manger des melons avec d'autres aliments car les fruits traversent l'estomac plus rapidement.

LES TROIS ETAPES DE LA DIGESTION

L'Ayurvéda décrit la digestion des aliments en trois étapes en fonction des effets sur le corps. Il s'agit des " goûts ", ou de l'effet immédiat, " énergétique ", ou de l'effet à moyen terme, et de la " post-digestion ", ou effet à long terme.

En Ayurvéda, le " goût " a une signification élargie et ne se réfère pas uniquement aux perceptions de la langue. D'après l'Ayurvéda, il y a six goûts : le sucré, l'aigre, le salé, le piquant, l'amer et l'astringent (voir pp. 54-5). Ces six goûts comprennent également les effets que les substances et les expériences ont sur le corps et sont aussi reliés aux cinq grands éléments (voir tableau ci-dessous). A première vue, vous pourrez trouver cette manière de considérer la nourriture et la digestion difficile à comprendre. A mesure que votre compréhension de l'Ayurvéda s'approfondira, vous percevrez mieux les relations entre les aspects subtils de la digestion et des aliments avec votre bien-être physique, mental et émotionnel, à travers les éléments, les doshas et les goûts.

L'effet immédiat produit par la nourriture ou la boisson dans la bouche est la stimulation sensorielle du goût sur votre langue. C'est la perception du goût qui est dans celui qui mange, et non la nourriture. Votre perception du goût sera affectée par ce que vous mangez habituellement,

Goûts et éléments
Il y a six goûts (voir p. 54-5), chacun étant la combinaison de deux éléments. Les goûts augmentent ou réduisent les doshas, la digestion et les tissus du corps. Par exemple, le goût sucré (terre/eau) augmente kapha, ralentit la digestion et augmente le poids.

RELIER LES GOUTS AUX ELEMENTS

Goût	Grands éléments	Effet sur doshas			Energies	EPD
		Vata	Kapha	Pitta		
Sucré	Terre et eau	P	A	P	R	Sucré
Aigre	Feu et eau	P	A	A	E	Aigre
Salé	Eau et feu	P	A	A	E	Sucré
Piquant	Feu et air	A	P	A	E	Piquant
Amer	Air et éther	A	P	P	R	Piquant
Astringent	Air et terre	A	P	P	R	Piquant

P = pacifie   A = augmente   R = rafraîchissant   E = échauffant   EPD = effets post-digestifs vos préférences doshiques, les goûts dont votre corps a besoin, et ce que vous avez récemment consommé. Le café, par exemple, est amer et rend les autres aliments plus agréables au goût. On le boit parfois en mangeant des aliments très sucrés pour en atténuer le goût sucré.

Les " énergies " de la nourriture influent sur le processus de la digestion, soit en l'augmentant, soit en le ralentissant (ainsi que le corps). Les énergies sont soit échauffantes, soit rafraîchissantes. Les aliments à l'énergie échauffante sont plus faciles à digérer, en augmentant généralement pitta et en pacifiant kapha et vâta. Les aliments à l'énergie rafraîchissante donnent lieu à une digestion plus lente et plus lourde et ont tendance à diminuer pitta et augmenter kapha et vâta.

En règle générale, les aliments aigres, salés et piquants sont échauffants et, sauf s'ils sont consommés avec excès, ils facilitent la digestion. Les goûts sucré, amer et astringent sont rafraîchissants et ralentissent la digestion. Il y a des exceptions — par exemple, le miel est sucré mais échauffant.

Les effets " post-digestifs " (EPD) sont les effets à long terme que les substances ont sur le corps. Ils peuvent être soit anaboliques (en augmentant les tissus et par conséquent le poids) ou cataboliques (en broyant ou réduisant les tissus). Il y a trois catégories d'effets post-digestifs — sucré, aigre et piquant (ceux-ci se réfèrent aux effets sur le corps (voir p. 54-5), et non pas au goût sur la langue). Les aliments au goût sucré et salé ont des EPD piquants. Les EPD aigres et piquants réduisent ou dessèchent le tissu corporel.

Actions spéciales

Certaines substances, notamment les herbes et les substances utilisées en médecine ayurvédique, ne se conforment pas aux règles s'appliquant aux goûts, énergies et EPD ; elles ont leurs propres actions spéciales, ou prabhava en sanskrit, qui sont connues par expérience. La versatilité de la phytothérapie ayurvédique provient de la connaissance détaillée de ces règles et du prabhava des substances.

Actions des Six Goûts

Le texte sanskrit, Ashtanga Hrdayam, décrit les caractéristiques des six goûts et les problèmes qui peuvent être ressentis à partir de l'habituelle surconsommation d'aliments d'un goût particulier. La plupart des aliments sont une combinaison de deux de ces goûts ou davantage; par exemple, le café est amer et piquant.

GOUT SUCRE

Atténue P et V - Renforce les tissus - Précieux pour les personnes âgées, amaigries, les blessés et les enfants - Universellement apprécié, adhère souvent à l'intérieur de la bouche et donne une sensation de plaisir, de satisfaction et de réconfort - Bon pour la peau, les cheveux, les sens, ojas - Augmente le lait maternel - Unit les parties brisées, tels les os - Prolonge la vie et aide à accomplir les activités de la vie - En excès, il peut produire des maladies à partir de la graisse et d'un excès de kapha, par exemple obésité, dyspepsie, inconscience, diabète, dilatation des glandes du cou, ou tumeurs malignes.

GOUT AIGRE

Augmente P et K - Stimule agni - Bon pour le cœur et la digestion - Encourage l'énergie vâta inactive dans la cavité pelvienne à se mouvoir vers le bas, aidant ainsi l'élimination - Agace les dents, augmente la salivation - En excès, il peut entraîner un relâchement ou un ramollissement, perte de force, étourdissements, démangeaisons, irritations, une pâleur tirant sur le jaune, des lésions d'herpès, gonflements, soif, fièvre et des maladies provenant d'un excès de pitta ou kapha.

GOUT SALE

Augmente P et K - Dégage les obstructions des canaux et des pores - Augmente l'activité digestive et la salivation - Lubrifie et fait transpirer - Pénètre les tissus - Améliore le goût - En excès, peut entraîner calvitie, cheveux gris, rides, soif, maladies de peau, troubles sanguins, lésions d'herpès, perte de la force corporelle.

GOUT PIQUANT

Augmente V et P, atténue K - Augmente la faim, est digestif et améliore le goût - Entraîne de l'irritation, apporte des sécrétion des yeux, du nez, de la bouche et donne une sensation de brûlure dans la bouche - Les aliments piquants comprennent l'oignon, l'ail et les piments - Sèche l'humidité de la nourriture - Broie les masses dures, dilate les canaux - En excès, il peut entraîner soif, diminution du tissus reproductif et de la force, évanouissements, contractions, tremblements, douleurs au niveau de la taille et dans le dos, et d'autres troubles dus à l'excès de vâta ou pitta.

GOUT AMER

Atténue P et K - N'est pas aimé en tant que tel - Sèche l'humidité de la graisse, des muscles, des fèces et de l'urine - Nettoie la bouche, détruit la perception du goût - Les plantes et épices amères incluent les graines de fénugrec - Connu pour soigner anorexie, vers, bactéries, parasites, soif, maladies de peau, pertes de conscience, fièvre, nausées, sensations de brûlure - En excès, il augmente vâta, causant des troubles d'origine vâta et un épuisement des tissus.

GOUT ASTRINGENT

Augmente V - Atténue l'augmentation de P et K - Nettoie le sang - Entraîne la guérison des ulcères - Sèche l'humidité et la graisse - Absorbe l'eau, causant constipation et sécheresse - Gêne la digestion d'aliments non digérés - Diminue la perception du goût et occasionne une sensation d'étouffement - Les aliments astringents comprennent bananes, grenades, pois chiches - En excès, il entraîne une stase de la nourriture sans digestion, des flatulences, douleurs dans la région du coeur, amaigrissement, perte de virilité, obstruction des canaux et constipation.

Les Sept Tissus

Les tissus sont la structure du corps. L'Ayurvéda les classe d'après la façon dont il sont produits, comme une série de transformations et d'épurations à l'intérieur du corps. Il y a sept types de tissus, avec des " dérivés " primaires et secondaires. En gros, ces types sont : le plasma et la lymphe ; le sang ; le muscle ; la graisse ; l'os ; la moelle de l'os et le tissu nerveux ; et le tissu reproductif. Ces termes ne sont pas entièrement exacts, car ils ne correspondent pas précisément à l'original sanskrit. Le tissu sanguin, par exemple, comprend les vaisseaux sanguins et tous les tissus reliés au système sanguin.

Les dérivés sont les tissus ou substances qui sont, soit utilisés dans le corps, soit expulsés par lui une fois qu'ils ont rempli leur fonction. La somme et la qualité des dérivés sont prises en compte dans l'évaluation de la santé de chaque type de tissu, car elles donnent des informations sur les tissus et les doshas. Des règles peu abondantes, par exemple, indiqueront au praticien ayurvédique que le premier type de tissu (plasma et lymphe) est peut être affecté par un excès de vâta. Chaque type de tissu a son propre agni (voir p. 48), qui correspond aux enzymes et autres sécrétions nécessaires à la création du tissu.

La phase de transformation des tissus

Pour expliquer la manière dont les tissus sont produits, on peut imaginer une série de sept usines reliées entre elles (voir à droite), chacune générant un des types de tissus et les " matières premières " nécessaires à l'usine suivante.

Dans ce système, le produit de la septième usine est le plus raffiné, puisque ses matières premières ont déjà subi plusieurs processus. De nombreux jours se passent après la réception par la première usine de ses matières premières, avant que la septième usine puisse achever son produit. Chaque usine est dépendante des précédentes. Si le processus n'est pas correct dans une des usines, la quantité ou la qualité de ses produits en sera affectée, ce qui se répercutera sur le fonctionnement des autres usines dans la suite de la chaîne. Les usines les plus éloignées seront affectées si les premières ne produisent pas suffisamment de matières premières ou si les canaux sont bouchés par une surproduction. C'est un système qui demande coopération et équilibre pour réaliser des opérations efficaces. La premiè-

OJAS

Les textes anciens disent qu'il y a huit gouttes d'ojas dans le coeur. C'est une substance subtile à la frontière entre l'esprit et le corps, qui maintient la vie et est étroitement reliée à l'immunité. L'Occident n'a aucun concept d'ojas, qui signifie littéralement vitalité ou force corporelle. La maladie est occasionnée par une faible production ou la diminution d'ojas. D'après la Charaka Samhitâ, les causes de la diminution d'ojas sont : excès d'exercice, jeûne, perte de sang et de semence, anxiété, peur, chagrin et blessures. Une activité sexuelle excessive réduit ojas chez les deux sexes. La diminution d'ojas réduit l'immunité du corps. Elle vous rend aussi craintif, amaigri, entraîne des troubles des organes des sens et diminue les facultés mentales.

re usine produit le plasma et le tissu lymphatique, et les matières premières pour les tissus sanguins résultant de la digestion des aliments. La septième usine produit le tissu reproductif et l'ojas brut. (voir p. 56).

Production de tissus
Imaginez que chaque « usine » a un produit, ou type de tissu. Chaque processus de fabrication (les fonctions métaboliques des agnis des tissus) a des dérivés — chacune devient la matière première de l'usine suivante. Les dérivés primaires sont les tissus ou substances utilisées telles quelles (elles ne sont pas transformées davantage). Les dérivés secondaires sont expulsés, bien qu'ils aient encore une fonction.

PHASE DE TRANSFORMATION DES TISSUS

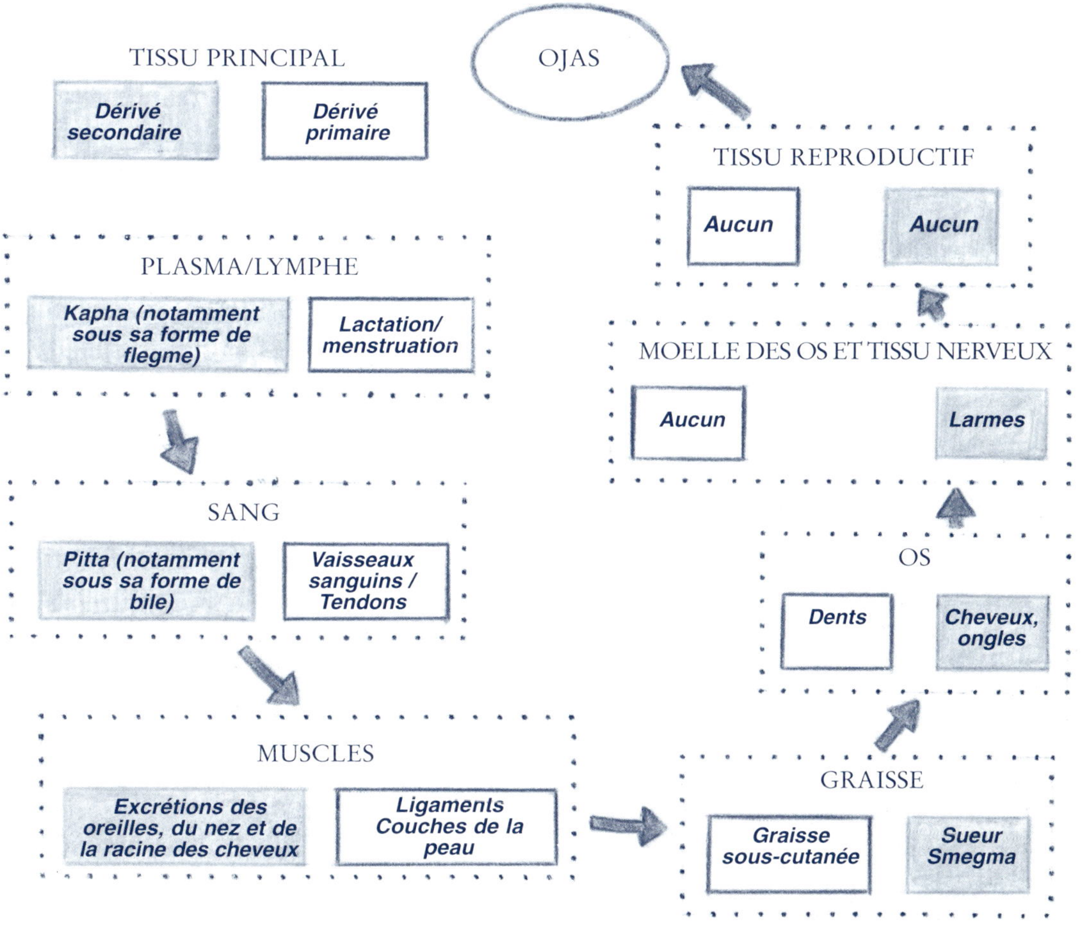

CANAUX

Un flux constant d'éléments nutritifs, de tissus et de déchets pénètre dans le corps, circule à l'intérieur et en ressort. L'Ayurvéda décrit de nombreux canaux de circulation, du plus grand (par exemple le système gastro-intestinal) aux plus petits (les vaisseaux capillaires) et aux plus subtils (les voies biochimiques, les stimuli nerveux et les nadîs - semblables aux méridiens), et les doshas. Quand on est en bonne santé, ces canaux ont une intégrité fonctionnelle et permettent un flux correct à tous les niveaux. Le fait de supprimer de manière habituelle des besoins naturels (voir p. 66-7) trouble la santé des canaux et peut entraîner des changements dans le flux qui les emprunte (comme la constipation), des obstructions ou des déviations des canaux.

TYPES DE CANAUX

CANAUX D'ABSORPTION DE NUTRIMENTS

Canal du prâna	Système respiratoire
Canal de l'eau	Palais, pancréas, reins
Canal alimentaire	De l'œsophage au gros intestin

CANAUX DE NUTRITION DES TISSUS

Un canal pour chacun des 7 types de tissus

CANAUX D'ELIMINATION

Canal urinaire	Reins et vessie
Canal des fèces	Côlon et rectum
Canal de la sueur	Graisse et follicules des cheveux

L'esprit est également considéré comme un canal qui pénètre dans toutes les parties du corps.

Les canaux
En Ayurvéda, il y a 13 canaux principaux dans le corps, en relation avec la consommation de l'air, des liquides, des aliments et leurs transformations métaboliques en tissus et leur élimination du corps (voir colonne de gauche). Les parties principales des canaux d'absorption et d'élimination sont indiquées dans la colonne de droite.

RELATIONS ENTRE ORGANES ET CANAUX

ORGANE	CANAL
Vessie	Urine
Cerveau	Nerfs, mais différentes parties sont connectées aux canaux qu'ils stimulent ou dirigent
Seins	Lymphe (le lait est un dérivé de la production de tissu de la lymphe)
Vésicule biliaire	Sang (contient la bile, qui est un déchet de la production du tissu sanguin)
Parties génitales	Reproducteur
Cœur	Lymphe, sang, prâna et le canal du mental, car il est considéré par certains comme le siège de la conscience
Reins	Eau, graisse, urine
Gros intestin	Prâna, selles
Foie	Sang
Poumons	Prâna
Pancréas	Eau
Intestin grêle	Aliments
Rate	Sang
Estomac	Aliments

DÉCHETS

Le corps expulse trois produits des déchets : l'urine, la sueur et les selles. Ce substances ont, elles aussi, d'importantes fonctions physiologiques, étant partie intégrante d'un système sain et bien équilibré. L'urine aide à équilibrer l'eau, la sueur garde la peau humide et souple, et les selles soutiennent le côlon et le corps.

Les conditions de production des déchets peuvent indiquer des déséquilibres doshiques ou des problèmes digestifs. Des selles saines doivent être : bien formées ; molles mais non collantes ; en forme de banane ; capables de flotter (des selles qui s'enfoncent sont le signe d'ama); exemptes d'aliments non digérés (leur présence indique un faible agni) ; ni trop foncées (signe d'un possible déséquilibre de vâta), ni trop jaunes (signe d'un possible déséquilibre de pitta) ; ne doivent pas contenir de mucus (signe d'un trouble possible de kapha) ; sans odeur déplaisante (signe de présence d'ama).

Organes et canaux
Les organes et le corps sont reliés aux canaux et aux sept types de tissus dont ils sont formés. L'Ayurvéda met l'accent sur les fonctions du type de tissu comme un ensemble. Ainsi, un organe peut être relié à plus d'un canal.

4

Le Processus de la Maladie

विकारजातं विविधं त्रीन् गुणान्नातिवर्तते ॥
तथा स्वधातुवैषम्यनिमित्तमपि सर्वदा ।
विकारजातं त्रीन्दोषान् ……… …॥

Toutes les différentes sortes de maladies ne peuvent être séparées des doshas. Même celles qui sont causées par les anomalies des dhâtus (tissus) ne peuvent exister sans que les doshas ne soient impliquées.
*(**Ashtanga Hrdayam,** chapitre 12:32-34 1/2)*

Qu'entend l'Ayurvéda par bonne santé ? Vos trois doshas sont équilibrés d'après votre constitution unique ; vous avez un agni équilibré — c'est-à-dire que votre pouvoir digestif et votre métabolisme sont bons ; vos sept tissus ont leur intégrité fonctionnelle ; vous éliminez correctement les trois déchets ; vous avez des perceptions nettes ; un esprit équilibré ; et l'âme satisfaite. Parce que tous les aspects de votre être sont interdépendants, les problèmes d'une partie peuvent avoir des répercussions ailleurs.

Nous vivons dans un monde dynamique. Nous ne pouvons être isolés des expériences. Tout, dans notre vie quotidienne — la nourriture que nous mangeons, la couleur des vêtements que nous portons, notre métier, les gens que nous rencontrons et la nature de nos interactions avec eux, nos attitudes et nos émotions, les saisons et le moment de la journée — tout a des qualités qui peuvent être classées dans vâta, pitta et kapha. Que vous portiez votre attention sur ces qualités ou non, elles affecteront vos doshas. Si l'effet est minime et si vos doshas sont équilibrées, il est peu probable que vous remarquiez un changement dans votre santé, et ceci parce que votre corps s'adaptera naturellement aux faibles changements des doshas à travers leurs sièges (voir p. 46).

Les problèmes commencent quand la faculté qu'a votre corps de faire face aux qualités en excès a été surexploitée, ou quand votre esprit n'accepte pas les expériences, ou quand vous avez besoin de plus de temps pour vous adapter aux changements. A ce stade, vous devez prendre des mesures énergiques pour restaurer l'harmonie naturelle de votre être.

La conception ayurvédique du processus de la maladie est logique. Les doshas sont énergie. La bonne quantité de la bonne sorte d'énergie au bon moment produit les bons résultats. Trop ou trop peu d'énergie, ou d'une mauvaise sorte, ou au mauvais moment, ou au mauvais endroit, et votre système en souffrira.

En général, un régime et un mode de vie inappropriés à votre consitution amèneront vos niveaux doshiques à s'élever lentement. Cependant, si vous souffrez de traumatismes comme un deuil, des accidents, des changements de vie soudains, une opération, ou si vous êtes victime d'une agression, ces niveaux peuvent se transformer de manière importante. L'effet de tels changements doshiques dépend de l'état de vos doshas, de votre esprit et votre corps.

Votre équilibre doshique peut être troublé par une diminution d'agni et par la production et/ou l'accumulation de toxines dans le corps. En comprenant les qualités de différents signes de votre esprit et votre corps, vous connaîtrez tous les déséquilibres doshiques que vous éprouvez. Mais il vous faut tout d'abord comprendre votre équilibre constitutionnel (voir pp. 38-41) — c'est la base à partir de laquelle vous pourrez évaluer n'importe quel déséquilibre.

VPK et les saisons
Chaque dosha est naturellement augmenté pendant la saison qui a des qualités semblables (voir aussi p. 150). Vous devrez veiller particulièrement à ce que votre dosha prédominant soit pacifié durant la saison qui lui correspond. De plus, vos doshas peuvent être troublés plus facilement aux jonctions entre les saisons.

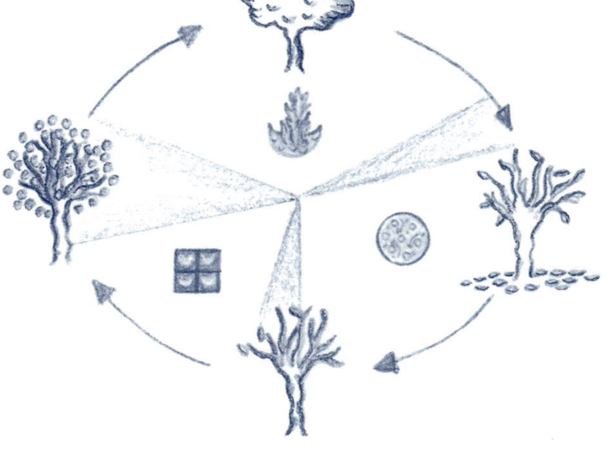

DÉSÉQUILIBRE DOSHIQUE

Vous avez un équilibre unique des doshas — votre constitution — qui est déterminé à la conception. Lorsque la proportion ordinaire de vos doshas diffère de votre constitution, vos doshas sont en déséquilibre. Les mots employés en Occident pour décrire les doshas en déséquilibre sont : élevé, bas, augmenté, diminué, excessif, troublé, dérangé, provoqué, aggravé. Les changements des états doshiques sont relatifs et toutes les circonstances doivent être prises en considération. Les aliments chauds, épicés, augmentent pitta et diminuent vâta et kapha, mais c'est lorsque vous avez mangé une quantité excessive *pour vous* que votre dosha pitta est aggravé. La même nourriture peut aider à pacifier votre dosha kapha s'il est en excès, ou peut-être maintenir votre équilibre si vous avez une constitution vâta.

Toutes vos expériences ont des qualités, chacune étant reliée aux qualités de vâta, pitta et/ou kapha. Un dosha est augmenté par les expériences qui ont des qualités similaires aux doshas, et est diminué par les qualités opposées. Une chose ayant des qualités opposées peut « pacifier » un dosha augmenté. Maintenant, comment un de vos doshas devient-il déséquilibré ? Quand vous éprouvez trop de qualités d'un dosha particulier, sans qu'il y ait suffisamment de qualités opposées (voir p. 32) pour pacifier ou réduire l'énergie excessive du dosha.

Une clé permettant de comprendre l'Ayurvéda consiste à réaliser que le dosha qui prédomine dans votre constitution est celui qui est le plus susceptible d'augmenter. Rappelez-vous, le semblable attire le semblable. Par exemple, si vous avez une constitution pitta, les qualités pitta sont prédominantes en vous. Vous aurez un penchant naturel pour les choses qui ont aussi des qualités pitta, ce qui augmentera encore vos énergies pitta. Cet attrait pour les qualités semblables peut rendre difficile sur le plan psychologique d'ajouter des qualités opposées à votre mode de vie lorsque vous souhaitez pacifier un dosha.

Imaginez par exemple que vous ayez un certain nombre de facteurs augmentant vâta (« vatagéniques ») dans votre mode de vie. Il peut s'agir de vivre sous un climat froid, d'avoir un métier comprenant de nombreux déplacement, notamment par avion, de manger à des

Piments
Les piments augmentent le dosha pitta, mais pacifient vâta et kapha. Votre constitution, ou votre état doshique ordinaire, et les saisons, doivent être pris en considération avant de décider si les aliments chauds et épicés peuvent faire partie de votre régime.

heures irrégulières ou de consommer habituellement des aliments qui augmentent vâta (voir tableaux des aliments pp. 132-43). Ils augmenteront votre énergie vâta jusqu'au point où votre dosha vâta deviendra excessive — à moins qu'il y ait des qualités opposées dans votre vie. Les facteurs de mode de vie qui augmentent pitta comprennent habituellement les aliments salés ou épicés, ou d'autres aliments qui suscitent un accroissement de pitta ; le fait de vivre sous un climat chaud ; ou d'avoir un métier à hautes responsabilités, compétitif. Un mode de vie " kaphagénique " consiste à trop manger, notamment des aliments qui aggravent kapha, à s'abstenir d'exercice, trop dormir, et exercer un métier sédentaire.

Qui plus est, si votre maladie est due à un excès du même dosha qui est prédominant dans votre constitution, elle est plus difficile à traiter. Par exemple, un trouble de vâta (voir p. 74) chez quelqu'un qui a une constitution vâta sera plus difficile à contrôler (puisque la constitution renforce le trouble) que chez quelqu'un de constitution kapha.

EVALUATION D'UN DESEQUILIBRE DOSHIQUE

Une fois que vous aurez compris votre constitution, vous pourrez déterminer si vos doshas sont équilibrés. On évalue un déséquilibre en lisant les signes et les symptômes du corps et de l'esprit manifestés par l'énergie doshique qui est excessive pour VOUS. Si vous avez un état persistant ou chronique, complétez cette évaluation conjointement à l'évaluation des indispositions de la page 80.

- *Reprenez les parties physiologiques et psychologiques de l'évaluation de la constitution (voir pp. 38-41), afin de déterminer comment vous êtes MAINTENANT et comment vous avez été récemment. Les différences entre cette évaluation et votre évaluation originale indiquent le dosha en excès, si les évaluations ont été faites avec précision.*
- *Si vous éprouvez une gêne sur le plan digestif, des émotions négatives, ou des problèmes de sommeil, notez ce que vous ressentez, puis reliez leurs qualités à vâta, pitta et kapha en utilisant les informations des pages 30-1, 68-9, 75-7, 78, et 124.*

Ces informations vous aideront à décider si vous éprouvez un excès de vâta, pitta ou kapha. Si c'est le cas, considérez votre mode de vie (voir chapitre 5) et votre régime (voir chapitre 6) pour trouver les facteurs de votre vie qui contribuent à ce déséquilibre. Vous pourrez ensuite prendre des mesures pour rétablir votre équilibre et prévenir le développement de la maladie.

Facteurs de Troubles de VPK

La situation idéale consiste à lire les doshas de votre corps et à vivre une vie qui maintienne votre équilibre constitutionnel. Si des circonstances, qu'elles soient extérieures ou intérieures, se présentent, qui créent un déséquilibre, plus tôt vous rétablirez votre équilibre, mieux cela vaudra. Nous traitons des moyens de pacifier les doshas dans la troisième partie, en nous fondant sur le principe des « opposés qui diminuent ».

En règle générale, c'est un excès d'un aliment, d'une substance, d'une activité ou d'une émotion particulière qui va troubler un dosha, ce qui peut entraîner le processus de la maladie. Ce qui est excessif varie d'un individu à l'autre, et également pour chaque individu, selon les périodes de sa vie. Vos tolérances individuelles à un certain moment sont reliées à votre constitution, à l'état ordinaire de vos énergies doshiques, à votre âge et à la saison.

Augmentation de VPK

Le tableau ci-contre fait la liste des causes fréquentes de troubles de chaque dosha. Selon le principe du « semblable qui augmente le semblable », vous pourrez voir pourquoi certains aspects de votre vie augmentent vos doshas. Généralement, ce sont les excès habituels qui les aggravent. Mais si l'un de vos doshas est déjà augmenté, il se peut que vous supportiez mal, même en petites quantités, certaines choses qui ont des qualités semblables à celles de votre dosha augmenté.

Certains facteurs affectent votre bien-être

Toutes vos expériences et les circonstances que vous rencontrez ont des qualités qui peuvent être reliées aux qualités de vâta, pitta et kapha. Celles qui ont des qualités semblables à un dosha l'augmenteront ; celles qui ont des qualités différentes la diminueront.

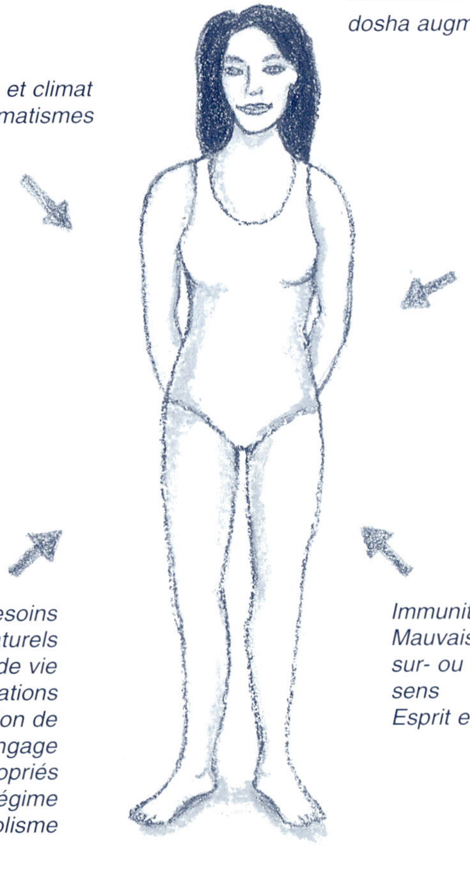

Facteurs Augmentant VPK

VATA	PITTA	KAPHA
Exposition au froid Pas de routine dans votre vie Manger trop d'aliments secs, glacés ou des restes, ou d'aliments aux goûts amer, piquant ou astringent Jeûne Trop de voyages Trop d'exercice ou exercice mal adapté Mauvaise ou sur-utilisation des sens Trop de sexe Alcool Suppression des besoins naturels Chirurgie abdominale Stimulants et autres drogues Trop peu de sommeil, veiller tard, travailler la nuit Ne pas huiler la peau Clystères/lavements fréquents Souci, crainte, anxiété, chagrin et leur répression Automne et début de l'hiver	Exposition à la chaleur Manger trop de viande rouge, d'aliments salés, épicés ou aigres. Indigestion et irrégularité des repas Faire de l'exercice au milieu de la journée Médicaments, surtout les antibiotiques Trop de travail intellectuel/ de pensées Alcool Fatigue Colère, haine, peur de l'échec et répression de ces émotions Eté	Expositon au froid Manger trop d'aliments sucrés, de viande, graisses, fromage, lait, glaces, yoghourt, fritures Boire trop d'eau Continuer à manger après être rassasié Faire la sieste après les repas. Pas d'exercice Sous-utilisation des sens Trop de sommeil Ne rien faire Sédatifs et tranquillisants Doutes, avidité et possessivité, manque de compassion et attachement à ses émotions Fin de l'hiver et du printemps

GAZ INTESTINAUX

Les gaz sont le signe d'une digestion faible et de la formation d'ama (p. 77) ; ils empêchent l'absorption correcte de l'eau, des minéraux et du prâna dans le côlon. Principalement associés à un excès de vâta, ils peuvent provenir d'une mauvaise digestion due au dérangement de n'importe quel dosha. Ils ont surtout pour cause l'alimentation, mais peuvent aussi être dus à un sommeil insuffisant, de la nervosité, un choc, des soucis, le stress ou la colère.

Conseils pour prévenir et soulager les gaz

- *Ayez une alimentation qui convienne à vos besoins doshiques et suivez-en les règles (voir chapitre 6).*
- *Ne mangez pas d'aliments difficiles à digérer ou qui produisent des gaz pendant la digestion.*
- *Ne mangez pas entre les repas, ni trop pendant les repas, ni trop tard le soir.*
- *Laissez s'écouler au moins trois heures entre les repas, afin de laisser à l'estomac le temps de faire son travail.*
- *Evitez le goût sucré ou prenez-le seul, et seulement en petites quantités. Les desserts en fin de repas contribuent à la fermentation et aux gaz.*
- *Utilisez des plantes carminatives (dispersant les gaz) avec modération en préparant les aliments (voir pp. 158-9).*
- *Pour soulager les gaz, faites les exercices amenant les genoux à la poitrine (p. 127) et le massage abdominal (p. 120).*

Répression Habituelle des Besoins Naturels

La *Charaka Samhitâ* dénombre 13 besoins naturels et les symptômes qui peuvent survenir s'ils sont habituellement réprimés (voir le texte en italique sous chaque besoin). Vâta est le dosha qui provoque ces besoins et le fait de les réprimer trouble vâta. C'est pourquoi les symptômes sont tous des exemples de vâta perturbé. Ces symptômes, qui peuvent provenir d'une habituelle répression des besoins naturels, peuvent être soulagés en prenant des mesures pour pacifier vâta et en permettant à ces besoins de s'exprimer sans pour autant gêner l'entourage.

Besoin : URINER

Symptômes possibles
Douleurs dans la vessie et l'urètre, dysurie (miction douloureuse ou difficile), maux de tête, tension de l'aine

Besoin : EVACUER LES GAZ

Symptômes possibles
Rétention des selles, de l'urine et des gaz, flatulences, douleurs, épuisement, et autres troubles de l'abdomen dus au déséquilibre de vâta

Besoin : DEFECATION

Symptômes possibles
Coliques, maux de tête, rétention de gaz et de selles, crampes dans les mollets, flatulences

Besoin : EJACULATION DE SPERME

Symptômes possibles
Douleurs dans le pénis et le scrotum, douleurs corporelles, douleurs dans la région du coeur, et obstruction de l'urine

Besoin : BAILLEMENTS

Symptômes possibles
Convulsions, engourdissements, tremblements

Besoin : ETERNUEMENTS

Symptômes possibles
Raideur de la nuque, maux de tête, paralysie faciale, migraines, et faiblesse des organe des sens

Besoin : VOMISSEMENTS

Symptômes possibles
Démangeaisons, urticaire, anorexie, taches brunes sur le visage, tumeur, anèmie, maladies de peau, nausée, et érésipèle.

Besoin : ROTS

Symptômes possibles
Hoquet, souffle court, anorexie, tremblements

Besoin : FAIM

Symptômes possibles
Emaciation, faiblesse, douleurs corporelles, anorexie, étourdissements, mauvais teint

Besoin : SOIF

Symptômes possibles
Sécheresse de la gorge et de la bouche, surdité, fatigue, dépression, douleurs cardiaques

Besoin : FORTE RESPIRATION OU HALETEMENTS DUS A L'EXERCICE

Symptômes possibles
Maladies de coeur et évanouissements

Besoin : SOMMEIL

Symptômes possibles
Bâillements, douleurs corporelles, somnolence, troubles de la tête et lourdeur dans les yeux

Besoin : LARMES

Symptômes possibles
Catarrhe, inflammation de la membrane muqueuse du nez, maladies des yeux, maladies de cœur, anorexie, étourdissements

Avertissement *: la liste ci-dessus indique les conséquences possibles d'une répression fréquente de vos besoins naturels. Cependant, les symptômes peuvent survenir pour d'autres raisons. Ne supposez pas, par exemple, que toutes les maladies de cœur sont dues à une mauvaise respiration après l'exercice.*

Etapes Précoces du Processus de la Maladie

D'après l'Ayurvéda, on trouve un déséquilibre des doshas derrière toute maladie. Il se produit lorsque l'état ordinaire de vos doshas diffère de votre constitution. Les doshas peuvent être troublés de nombreuses façons (voir pp. 64-5). Le changement ou l'accumulation d'un dosha peut résulter d'une seule cause fondamentale, ou des effets cumulés de nombreuses causes. La cause peut être frappante et soudaine (par exemple, la nouvelle d'une mort subite), et avoir un impact immédiat sur les doshas.

Le plus souvent, la cause est insignifiante mais se consolide lentement avec le temps. Elle peut provenir d'une source extérieure : le fait d'avoir une alimentation inadaptée pendant un certain nombre d'années, par exemple, provoque un changement graduel de l'équilibre des doshas. Ou bien la cause du trouble des doshas peut

Etape n° 1 : Accumulation
La première étape est l'augmentation d'un dosha. Il s'accumule en son siège, mais à un rythme plus rapide que celui du corps pour expulser les excès. Vous ne remarquerez peut-être pas les premiers signes du processus de la maladie, car il s'agit initialement de gênes (voir par exemple le tableau ci-contre) et ils ne constituent pas un motif pour lequel vous êtes susceptible de voir un thérapeute. Beaucoup d'entre nous acceptent une petite gêne comme faisant partie de la vie ou étant due à " mon âge ".

Etape n° 2 : Provocation
Si l'accumulation n'est pas stoppée à l'étape n° 1, le dosha en excès est amené à quitter son siège dans l'appareil gastro-intestinal (voir p. 46). Les signes d'un dosha aggravé deviennent plus repérables.

Etape n° 3 : Répartition
A cette étape, le dosha aggravé se répand dans les tissus. S'il y a une faiblesse dans un tissu particulier, elle va s'y déposer (voir p. 70). A ce stade, vous pourrez remarquer un changement dans les symptômes, mais il sera encore difficile de mettre exactement le doigt sur le problème.

Si vous pacifiez le dosha en excès avant d'atteindre la quatrième étape du processus de la maladie (voir p. 70), le corps ne subira pas de dommage durable. Il est plus facile de retrouver votre équilibre constitutionnel avant que le dosha en excès ne s'installe dans les tissus.

Un, deux doshas ou tous les trois peuvent être troublés à un moment ou un autre. Même là où les difficultés initiales provenaient de l'excès d'un seul dosha, les deux autres sont également susceptibles d'être troublés avec le temps. Entre-temps, une maladie compliquée se sera développée.

provenir de l'intérieur du corps: par exemple, une accumulation de toxines due à un faible métabolisme gênera les mouvements de vâta et troublera les doshas (voir aussi pp. 76-7). Pour vous maintenir en forme, observez et analysez votre mode de vie pour voir si vous accumulez trop de qualités d'un dosha particulier et procédez à tous les changements nécessaires pour équilibrer vos doshas (voir chapitre 8).

L'Ayurvéda décrit le processus de la maladie en six étapes. Les trois premières sont décrites dans ces pages, les trois autres pages 70 et 72).

Tableau des signes et symptômes
Les signes des trois premières étapes du processus de la maladie sont regroupés en fonction du dosha qui est en excès dans l'équilibre de la constitution. Vous n'aurez peut-être qu'un des symptômes de cette liste ; chacun a un équilibre des doshas différent dans le corps, ce qui signifie que les symptômes sont différents pour chacun. Souvenez-vous : ne lisez pas un symptôme isolé. Les signes de l'augmentation des doshas sont parfois ressentis avec l'expérience des émotions négatives (voir p. 78).

DOSHA AGGRAVE	STADE D'ACCUMUMLATION	STADE DE PROVOCATION	STADE DE REPARTITION
EXCES DE VATA	Constipation Gaz intestinaux Bouche sèche Grand besoin de chaleur Peur/anxiété	Augmentation des gaz et constipation Mains et pieds froids Sécheresse dans le corps	Dilatation dissipée Fatigue Esprit agité Soucis/peur/anxiété
EXCES DE PITTA	Acidité de l'estomac Sensations de brûlure Colère/critique	Brûlures d'estomac Indigestion acide Brûlures dans la région du nombril Hypercritique	Sensation de brûlure au passage de l'urine/selles Selles jaunes Digestion douloureuse
EXCES DE KAPHA	Léthargie Faible appétit Lourdeur	Nausées Ballonnements Envie de dormir Salivation accrue	Lourdeur Gonflement, oedème Augmentation du mucus Vomissements

Points Faibles

La quatrième étape du processus de la maladie commence quand le dosha en excès trouve, en s'étendant, un point faible dans un des types de tissus (voir pp. 56-7) et s'y installe. On ressentira alors le premier signe d'avertissement de la maladie et, en Occident, c'est à ce moment que nous commençons à sentir que tout ne va pas bien et à remarquer que la santé nous fait défaut. Un praticien ayurvédique expérimenté peut, grâce au diagnostic des pouls et à une profonde connaissance du corps humain, déchiffrer ces signes d'avertissement et les signes plus précoces et avoir une bonne indication de la maladie qui suivra si l'excès de dosha n'est pas maîtrisé.

Faiblesse des tissus
La faiblesse ou les défauts des tissus proviennent de nombreuses causes, mais peuvent être classés comme l'un des six types ci-dessous. Les points faibles peuvent être présents dans n'importe quelle partie du corps, mais les symptômes qui en découlent ne surviennent que si un dosha en excès s'est fixé dans le tissu affecté.

Points faibles hérités
Faiblesse asymptomatique des tissus provenant de la mémoire des cellules des maladies des parents et grands-parents.

Emotions non réglées
Faiblesse des organes provenant des émotions non régléesou réprimées (voir pp. 172-3).

Actions des vies passées
Dans les cultures qui reconnaissent la réincarnation, une faiblesse peut provenir des vies précédentes. " Vie passée " signifie aussi les actions précédentes et attitudes dans cette vie, ainsi qu'un mode de vie déréglé.

Traumatismes physiques et psychologiques
Les tissus qui ont été endommagés physiquement peuvent conserver une mémoire cellulaire du traumatisme. Un traumatisme psychologique peut affaiblir les tissus. Certaines émotions négatives ont une affinité avec certains organes (voir p. 172).

Infections et maladies précédentes
Un tissu est affaibli quand il est affecté par la maladie, devenant plus vulnérable par la suite.

Dépendances
Les tissus sont endommagés par les dépendances. L'alcool, par exemple, affaiblit le foie, le tabac attaque les poumons, les substances qui altèrent l'esprit affectent le cerveau, et trop s'adonner au sexe endommage les parties génitales.

Etapes Ultérieures du Processus de la Maladie

La quatrième étape ne sera atteinte que s'il y a faiblesse de l'un des types de tissus. Si ce n'est pas le cas, le dosha en excès reste en circulation dans le corps, mais ne provoque pas de signes supplémentaires. Une fois que l'étape n° 5 est atteinte, il faut extirper la maladie et un traitement est nécessaire. Au stade n° 6, le dosha en excès laissera une faiblesse dans le corps et, s'il n'est pas pacifié, se répandra dans d'autres tissus.

Etape n° 4 : Déposition
Le dosha en excès se dépose dans le premier type de tissu présentant une faiblesse. Il fusionne avec lui, l'affaiblissant en même temps que les dérivés et matières " brutes ". Il peut aussi produire des toxines. Si le tissu agni est robuste, il protégera le tissu des effets du dosha excessif.

Etape n° 5 : Manifestation
Au début, l'effet provoqué par le dosha en excès durant sa déposition peut sembler minime. Mais, telle une mauvaise herbe, la maladie s'accroît et doit être supprimée en éliminant les degrés excessifs du dosha déséquilibré. Les médecins ayurvédiques pourront recommander le Panchakarma et/ou des plantes (voir pp. 186-7) pour rétablir l'équilibre doshique. Vous devrez compléter le traitement, quel qu'il soit, en apportant des changements à votre alimentation ou votre mode de vie, afin de pacifier le dosha en excès et de prévenir une rechute de la maladie.

Etape n° 6 : Différenciation
Le dosha en excès a perturbé l'intégrité du système et la maladie et l'on peut donner un nom à ses complications. La maladie, comme une mauvaise herbe vivace, peut semer les graines d'une future maladie, ou elle peut demeurer à l'état latent, pour mieux ressurgir quand les conditions le permettront. Même si le dosha en excès est pacifié, une faiblesse demeure dans le corps. Si le dosha n'est pas pacifié et que seuls les symptômes soient améliorés, le dosha en excès peut bouger et se fixer dans d'autres tissus, où d'autres ramifications vont s'ensuivre.

Signes de Pénétration des Doshas dans les Tissus

En considérant les indispositions dont vous souffrez du point de vue ayurvédique, pensez aux qualités des signes et des symptômes et reliez-les à vâta, pitta et kapha et aux types de tissus affectés.

Par exemple, les symptômes qui ont des qualités de nature essentiellement sèche ou dégénérative ont pour résultat un déséquilibre de vâta, car ils sont liés à une perte de poids et une perte, ou une interférence de mouvement. La chaleur ou les qualités inflammatoires sont associées à pitta, de même que les saignements. Un excès de kapha est relié à un excès de poids, ainsi que d'autres augmentations de la masse corporelle ou des fluides, comme les tumeurs et les œdèmes.

Cependant, la chose n'est pas si simple, car les doshas sont aussi interactifs. Si tel est le cas, l'expérience d'un praticien ayurvédique est nécessaire. Une accumulation de kapha peut, par exemple, bloquer la libre circulation de l'énergie vâta. Bien qu'une diminution des mouvements en soit le symptôme évident, kapha est à l'origine de ce phénomène.

La sécheresse peut être due à la chaleur de pitta desséchant le corps. Dans ce cas, pitta, plutôt que vâta, doit être pacifié. En faisant une évaluation des troubles doshiques, les praticiens ayurvédiques peuvent tracer le parcours de ce désordre dans l'ordre selon lequel les symptômes sont apparus.

Des mouvements anormaux peuvent survenir à cause de problèmes avec des types de tissus musculaires ou nerveux. Un praticien ayurvédique a l'habitude d'observer les interactions existantes et connaît les tissus troublés par les doshas en excès ainsi que les interactions de celles-ci.

Le tableau de la page 74 n'est pas exhaustif, mais il donne des exemples de la façon dont les doshas en excès peuvent se manifester dans les sept types de tissus. Les symptômes ne doivent pas être considérés isolément mais font partie d'une description générale. En Occident, les mots employés pour décrire la maladie impliquent souvent un ou plusieurs doshas ou tissus et ne classent pas les qualités séparément. L'eczéma, par exemple, peut être soit sec, soit suintant, et pour l'Ayurvéda, la cause fondamentale diffère selon les cas.

QUELQUES SIGNES DE PENETRATION D'UNE DOSHA DANS LES TISSUS

Type de tissu	Dosha en excès	Symptômes
Lymphe	V	Mains et pieds froids - Déshydratation, peau sèche - Yeux enfoncés - Sensation d'engourdissement et de picotements au niveau de la peau - Aspect de malnutrition - Sensation de peur - Insécurité - anxiété-manque de confiance
	P	Fièvre - Acné, boutons - Bouffées de chaleur - Sensibilité des yeux à la lumière vive - Tempérament critique, emporté
	K	Rétention d'eau - Indigestion - Perte d'appétit - Léthargie - Rhumes - Congestion des bronches
Sang	V	Anémie - Etourdissements - Pulsations anormales - Contraction des vaisseaux sanguins - Eczéma sec
	P	Etats inflammatoires - Eruptions - Fièvres - Contusions fréquentes - Saignements de nez - Saignements sous la peau - Psoriasis - Dermatites - Nombreux grains de beauté
	K	Eczéma suintant - Cholestérol élevé - Foie/rate dilaté(e) (provenant d'un excès de graisse)
Muscle	V	Atrophie musculaire - Augmentation du tonus - Paralysie spasmodique - Perte de mouvement - Tremblements
	P	Angines répétées - Abcès musculaires
	K	Hypertrophie musculaire - Diminution du tonus, muscles flasques - Kystes sur les tendons des muscles
Graisse	V	Peau sèche - Douleurs au bas du dos - Craquement des articulations
	P	Transpiration abondante - Cellulite - Mains et pieds brûlants - Sensation de brûlure au bout du pénis
	K	Soif excessive - Cholestérol élevé - Obésité - Pertes blanches vaginales épaisses
Os	V	Perte de cheveux - Ongles cassants - Ongles déformés - Douleurs dans les os - Arthrite dégénérative - Gencives molles - Caries - Douleurs dues à des émotions non réglées
	P	Arthrite inflammatoire - Abcès des os
	K	Tumeurs osseuses
Nerfs	V	Etourdissements, évanouissements - Manque de coordination - Paralysie - Confusion - Perte de mémoire
	P	Paralysie - Sclérose multiple - Anémie aplastique - Confusions
	K	Tumeurs - Idées fausses
Tissus reproducteurs	V	Affaiblissement sexuel - Faible fertilité - Ejaculation précoce
	K	Dilatation de la prostate - Tumeurs des testicules ou des ovaires/utérus

Douleur

Vâta est impliqué dans toute douleur. Si la circulation de l'énergie vâta dans le corps n'est pas bloquée, il n'y a pas de douleur. La douleur survient quand le dosha vâta est perturbé, ou quand le flux de vâta (le dosha mobile) est gêné par des fonctionnements incorrects de pitta ou kapha. Les blocages peuvent aussi être causés par l'accumulation d'ama (voir p. 77) ou par la répression des émotions.

Des émotions réprimées peuvent perturber les doshas et être à l'origine de la douleur. La compréhension de ces émotions peut apporter un soulagement (voir p. 168).

Différentes sortes de douleurs
L'Ayurvéda classe la douleur selon le facteur obstruant la circulation de vâta. La nature de la douleur reflétera les qualités de ce facteur. Reliez les qualités de votre douleur aux qualités des doshas.

QUALITES		DESCRIPTIONS
Irradiant/ Migrant/Changeant Lancinant/Pulsant Fluctuant/Vague/ Va et vient	**DOULEUR DUE A UN EXCES DE VATA**	Aggravée par le froid. Soulagée par la chaleur. Attaques répétées. Aggravée par les activités " vâtagéniques ". Associée à la peur, l'anxiété, l'insécurité. La douleur empêche le sommeil.
Brûlant/Aspirant Tirant/Tranchant/ Coupant/ Pénétrant/ Rougissement/ Intense/ Violent	**DOULEUR DUE A UN EXCES DE PITTA OBSTRUANT VATA**	Accompagnée d'inflammation. Peut avoir de la fièvre. Nausées, vomissements, diarrhée. Température élevée à l'endroit de la douleur. Aiguë. Ne peut pas dormir à cause de la douleur. La douleur est plus intense à midi qu'à minuit.
Lourd/Profond/ Atone/Douloureux/ Palpitant/Doux	**DOULEUR DUE A UN EXCES DE KAPHA OBSTRUANT VATA**	Douleur souvent de longue date, chronique. Peut dormir malgré la douleur. Congestion, Par ex. sinus, poumons, lymphe.
Lourd/Atone	**DOULEUR DUE A AMA OBSTRUANT VATA**	Très semblable aux douleurs de kapha, mais couche épaisse sur la langue, mauvaise haleine, sentiment général d'apathie.

Troubles du Métabolisme

Un déséquilibre des doshas peut perturber agni et le métabolisme (voir p. 48) et va diminuer votre capacité de digestion. Si agni est bas, des substances toxiques appelées ama (voir p. 77) sont produites. Le corps n'est pas toujours capable d'expulser ama, auquel cas il se dépose dans diverses parties du corps, bloquant ou interférant avec la libre circulation des matières denses et subtiles à travers les canaux du corps.

C'est particulièrement le cas de l'agni digestif. Par exemple, le chyle — forme que prend la nourriture lors de son absorption à travers les parois intestinales — peut contenir des aliments partiellement digérés. Bien qu'ils puissent être absorbés ainsi, ces aliments ne produisent pas les nutriments nécessaires au corps, ou en empêchent l'utilisation.

Troubles de l'agni digestif
L'Ayurvéda décrit l'indigestion d'après le dosha en excès qui affecte agni. Les symptômes de faible digestion reflètent les qualités du dosha déséquilibré. Les trois types de digestion faible produisent ama.

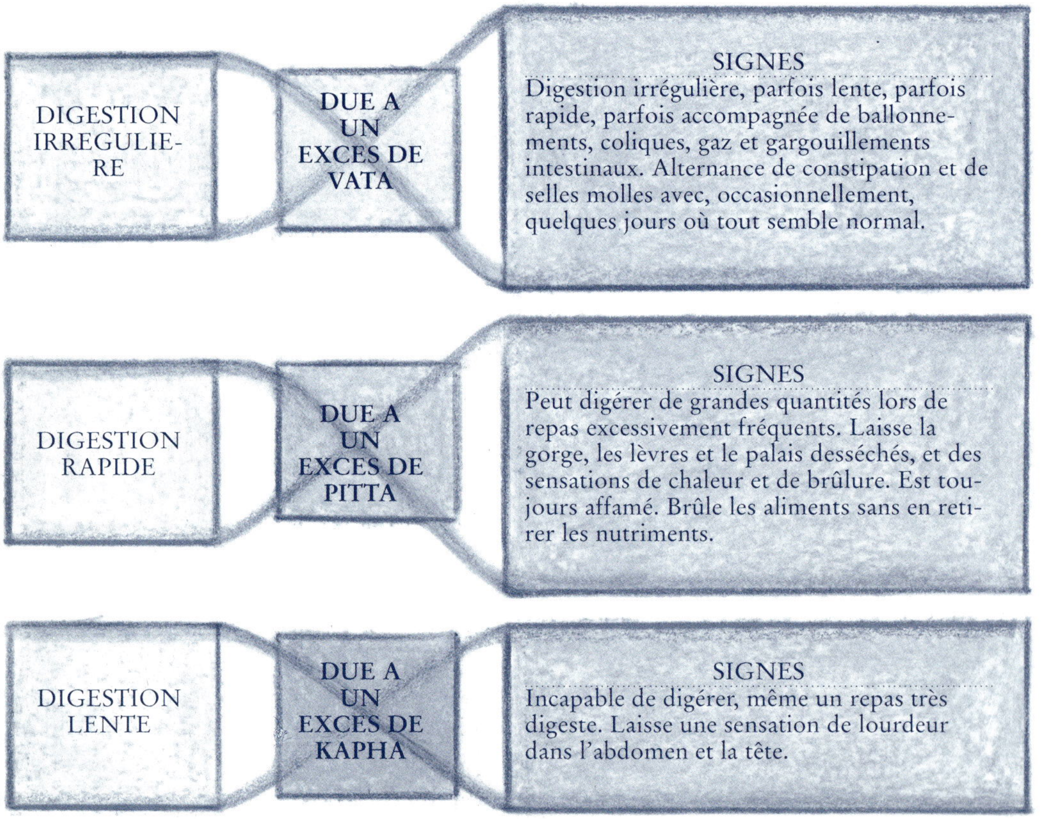

Les troubles d'agni et la production d'ama sont les causes internes de la maladie. L'agni perturbé trouble les doshas et augmente aussi la production d'ama, ce qui perturbera davantage agni, créant un cercle vicieux de cause et d'effet. Les principales causes de trouble d'agni sont :

- un déséquilibre doshique
- un excès de nourriture ou de boissons
- un jeûne prolongé
- les grignotages entre les repas
- les émotions réprimées (voir pp. 170-3)
- l'ignorance des règles de l'alimentation (voir p. 154), et particulièrement
  - les mauvaises combinaisons alimentaires
  - les aliments ne convenant pas à votre constitution
  - les repas pris à de mauvaises périodes
  - l'ingérence d'aliments lourds, réfrigérés, froids ou gâtés
- Un usage inadapté de purgatifs ou laxatifs.

Si les agnis des tissus (voir pp. 56-7) sont défectueux, il en résultera des tissus affaiblis ainsi que leurs dérivés. D'autres effets provoqués par un agni des tissus défectueux sont visibles dans la diminution de la capacité du corps à produire ojas (voir p. 56) et à protéger les tissus des effets des doshas excessives (voir p. 72).

AMA

L'Ayurvéda considère ama comme une cause majeure de maladie. Le mot sanskrit inclut les toxines du corps, qu'il s'agisse à l'origine de poisons externes introduits dans le corps ou qu'elles soient créées intérieurement par un agni faible, de mauvaises combinaisons alimentaires, l'élimination incorrecte des déchets, ou des doshas perturbés. Ama désigne parfois (littéralement) ce qui est cru, non cuit, immature, et non digéré.

Un agni des tissus défectueux occasionnera aussi ama pendant la production des sept tissus (pp. 56-7). Un ama subtil se produit si notre processus mental est diminué, ou si nous abritons des émotions non résolues. (voir chapitre 7).

Une couche blanchâtre recouvrant toute la langue indique qu'il y a ama dans tout le corps. Si le tiers interne de la langue est recouvert, l'ama se situe dans le côlon. Si le revêtement est brunâtre, vâta et également perturbé. La mauvaise haleine et les odeurs corporelles sont d'autres signes d'ama dans le corps. Les médecins ayurvédiques recommandent souvent des plantes pour éliminer ama et équilibrer agni.

Les Emotions Négatives

Un déséquilibre doshique peut avoir un effet négatif sur votre esprit et vos émotions. Si un dosha est en excès, vous serez plus susceptible de manifester l'énergie négative d'une qualité qui lui est associée. Le dosha prédominant de votre constitution devient plus facilement excessif que les autres. Ainsi, vous aurez tendance à ressentir davantage ses effets négatifs que les autres.

Les émotions négatives aggravent le dosha qui leur est associé. Par exemple, un kapha élevé peut signifier que vous êtes plus possessif, mais la possessivité augmente kapha. Le moyen de briser ce cercle vicieux consiste à pacifier le dosha aggravé.

Pensez en termes de qualités et utilisez l'Ayurvéda au quotidien, cela vous aidera à devenir plus conscient des qualités de vos humeurs et à les évaluer en tant que V, P et/ou K. C'est une façon utile de contrôler les petites augmentations d'un dosha et de prendre des mesures pour rétablir l'équilibre le plus tôt possible. Reliez les qualités de vos humeurs aux qualités des autres aspects de votre vie. Souvenez-vous : “ le semblable augmente le semblable ”. Si vous êtes impatient ou critique (pitta), vérifiez si vous avez mangé des aliments “ pittagéniques ” ou si vous avez été sujet à des expériences provoquant pitta.

Etats négatifs

La liste ci-dessous classe les états émotionnels et mentaux négatifs selon les doshas en excès. En vous référant aux listes des pages 30-1), et aux états positifs (voir chapitre 7), vous pourrez juger à quel point l'énergie doshique en excès peut affecter votre esprit et vos sentiments.

EXCES DE VATA

Nervosité - Anxiété - Peur - Confusion - Chagrin - Tristesse - Insécurité - Manque d'intégrité - Perte de créativité - Manque de communication - Humeur changeante

EXCES DE PITTA

Ambition - Colère - Envie Peur de l'échec - Frustration - Haine - Jalousie - Tendance à juger ou critiquer - Paroles et actions promptes - Manque de discernement - Orgueil - Scepticisme

EXCES DE KAPHA

Ennui - Indifférence - Absence de compassion - Avidité - Sentiment de manque de soutien ou d'amour - Comportement obsessionnel - Manque de gentillesse - Manque d'intérêt

Indispositions

Le concept ayurvédique du processus de la maladie est difficile à saisir au départ, car il met en question tout ce que nous avons appris en Occident. Ainsi que nous l'avons vu, les symptômes de mauvaise santé peuvent être classés en vâta, pitta et kapha, ce qui indiquera quel dosha est susceptible d'être pacifié (voir le tableau de la page 74). Parfois, l'idée peut paraître trop simple pour être crédible, et à certains trop complexe pour être maîtrisée. C'est là une réaction naturelle de l'esprit aux nouvelles idées. A mesure que vous observerez votre vie et votre corps sous l'angle des doshas, vous verrez ces concepts agir dans la pratique.

Les premières étapes du processus de la maladie traitent d'indispositions mineures que vous pouvez améliorer en apprenant à vous connaître, et en apportant à votre mode de vie les corrections appropriées. La faculté de lire les signes avant-coureurs de déséquilibres est la clé qui permet de retrouver la forme.

Aux stades plus avancés du processus de la maladie, l'équilibre entre vos doshas, les tissus et agni a été sérieusement perturbé, et souvent compliqué par la présence d'ama. Vous devrez alors recourir à une assistance qualifiée, mais le mode de vie et l'alimentation sont toujours importants en apportant un soutien à tout traitement entrepris.

Symptômes du Syndrome Prémenstruel

Lorsque vous évaluez n'importe quelle indisposition selon la perspective ayurvédique, il est important de tenir compte des qualités de chaque symptôme et de les classer en fonction de VPK. Le nom donné à votre indisposition n'est pas le facteur clé, car la maladie peut être causée par un trouble de n'importe quel dosha. Les signes du Syndrome Prémenstruel sont bien connus, et son reliés à VPK dans la liste ci-dessous.

VATA	PITTA	KAPHA
Ventre ballonné	Bouffées de chaleur	Rétention d'eau
Douleurs du bas du dos	Yeux rouges, sensibles	Seins gonflés, pleins et sensibles
Articulations douloureuses	Mamelons sensibles au toucher	Prise de poids
Raideur et tension dans les muscles	Sensation de brûlure dans l'urètre	Fatigue, trop de sommeil, léthargie
Insécurité, anxiété, peur	Sensation de brûlure dans les mains et les pieds	Grand besoin de goût sucré, en particulier le chocolat
Règles irrégulières, avec flux peu abondant	Migraine, mal de tête	Très possessif
	Colère, très critique	Flux abondant
	Ergoteur	

EVALUATION DE L'INDISPOSITION

Les interactions des doshas dans le corps sont complexes. Prenez le temps d'apprendre tout d'abord les qualités que chaque dosha peut manifester (voir pp. 30-1) et aussi de comprendre votre constitution (voir pp. 38-41). Ensuite, vous pourrez commencez à vous rendre compte si vous êtes affecté par une quelconque énergie doshique en excès. Souvenez-vous qu'une interprétation habile des doshas dans le corps vient avec la pratique. Au fur et à mesure que votre connaissance de l'Ayurvéda augmentera, vous ferez des évaluations plus précises de votre état doshique. Mais pour commencer, concentrez-vous sur le symptôme ou l'indisposition la plus intense, persistante ou chronique. Tout d'abord, déterminez votre déséquilibre doshique (p. 63). Puis décrivez l'indisposition que vous ressentez et répondez aux questions suivantes, afin de vous aider à saisir les qualités de cette indisposition et de les relier à VPK :

- *Quelles qualités prédominantes resssentez-vous ?*
- *Décrivez la qualité de la douleur, s'il y en a une (voir p. 75).*
- *Quand les symptômes ont-ils commencé ? A quel âge (voir p. 10), quelle saison (voir p. 150) et sous quel climat ?*
- *Vos symptômes se modifient-ils avec les saisons, le climat, ou selon les différents moments du jour ou de la nuit (voir p. 151) ?*
- *Avez-vous vécu des événements majeurs dans votre vie avant que les symptômes ne commencent (voir p. 170) ?*
- *Quelles mesures avez-vous prises pour soulager les symptômes ? Quelles qualités avaient ces mesures ? Quels effets ont-elles eus ?*

Voir pages 30-1 et ce chapitre pour vous aider à décider si un excès de VPK est la cause de vos symptômes. N'oubliez pas de rechercher un avis médical si vous avez une indisposition ou une maladie.

Se maintenir en bonne santé est un processus qui demande du temps. Plus vous vous exercerez en pensant aux qualités et à l'Ayurvéda, plus vous affinerez votre perspective au sujet de votre état et apprendrez comment mettre l'accent sur la diversité des facteurs. En même temps, vous saurez mieux adapter votre alimentation et votre mode de vie afin de maintenir vos doshas en équilibre. Si cet équilibre est rétabli, vous n'aurez plus de dosha en excès pour provoquer les symptômes de mauvaise santé.

PROFIL AYURVEDIQUE : GILLES
***Age** : 30 ans*
***Taille** : 1 m 93*
***Poids** : 95 kg*
***Constitution** : Kapha, avec pitta en second*

Vous en saurez plus sur Gilles pages 156-7.

Après l'école, Gilles a pris un emploi de bureau, mangé n'importe quoi, pris son compte de boissons, fumé et pris des drogues pour se détendre. A 22 ans, il s'est marié et est devenu étudiant pendant trois ans. Il a réduit sa consommation d'alcool et n'a pris des drogues qu'en cas de stress. Il a continué à avoir une alimentation riche en produits laitiers, sucreries et fritures. A la fin de ses études, il est entré dans un service, où il travaille toujours. Il y a cinq ans, son grand-père — dont il était très proche — est mort. Sa femme l'a quitté il y a un an et il souffre encore de son abandon.

Quand il était enfant, Gilles a eu les oreillons, la rougeole et la coqueluche mais n'a pas eu de maladie sérieuse depuis. Depuis quelques années, il souffre de congestion des sinus, avec aggravation en hiver et au printemps. Il a souvent les mains froides et depuis peu, il boit davantage de liquides et urine plus souvent.

Il y a un an, Gilles a commencé à tousser, expulsant du mucus épais de ses poumons. L'expectoration est pire le soir. Il aime dormir beaucoup et a le sommeil profond. Il se sent souvent très lourd après les repas. Ses selles sont régulières mais laborieuses, elles sont molles et collantes et contiennent du mucus.

***Interprétation** : L'indisposition que ressent Gilles a les caractéristiques de kapha — obstruction, froid, lourdeur, excès de mucus, et l'envie de davantage de liquides. La boisson, le tabac et les drogues ont pu provoquer des points faibles, respectivement au foie, poumons et cerveau.*

3ème Partie

Se Maintenir en Forme

5

Activités Quotidiennes

तस्याशिताद्यादाहाराद्बलं वर्णश्च वर्धते ।
यस्यर्तुसात्म्यं विदितं चेष्टाहारव्यपाश्रयम् ॥

*Celui qui se nourrit d'aliments sains et a des occupations saines , qui a du discernement (reconnaît le bien et le mal de toute chose et agit ensuite sagement), qui n'est pas (trop) attaché aux objets des sens, qui est charitable et considère que tous les êtres sont égaux (et ont besoin de gentillesse), qui est sincère et pardonne, et ne fréquente que de bonnes personnes, sera exempt de toute maladie. (**Ashtanga Hrdayam** chapitre 4:36)*

Tout ce que nous faisons a des caractéristiques doshiques spécifiques. Notre façon de manger, dormir, travailler et nous amuser — tout a les qualités de VPK. Il est important de se rendre compte que tout le monde peut modifier sa routine quotidienne de façon à redresser un déséquilibre doshique et augmenter son bien-être. Si, par contre, vous continuez à avoir un comportement qui augmente les déséquilibres de vos doshas, vous ne connaîtrez pas la satisfaction d'être en grande forme. Un déséquilibre prolongé de vos doshas conduira à la maladie.

Réussir à équilibrer ses doshas ne se fait pas en un jour — il vous faut y travailler. La meilleure façon de commencer consiste à vous poser des questions sur la manière dont vous menez votre vie. Des réponses honnêtes commenceront à vous faire prendre conscience des choses, ce qui guidera toutes les modifications que vous déciderez de faire ensuite. Souvenez-vous que le changement doit venir de vous. Les suggestions d'autres personnes ne peuvent vous aider que si vous avez sincèrement accepté les changements que vous tentez d'apporter.

Certaines de vos activités journalières sont plus fixes que d'autres. La nature de votre travail, par exemple, peut être difficile à changer, mais vous pouvez vous créer des loisirs qui contrecarrent l'influence excessive d'un dosha particulier. Servez-vous de vos exercices et de vos activités de loisir comme d'autant d'occasions de contrarier tout déséquilibre provenant de votre travail (voir pp. 88-91), et donnez-vous le temps de nourrir vos aspects mental, émotionnel et intérieur.

Certaines indications des pages qui suivent s'appliquent à tout le monde. D'autres ont pour but de régler des déséquilibres doshiques spécifiques. Ce chapitre propose des occupations de base qui peuvent vous aider à équilibrer vos doshas. Cela nécessitera peut-être de grands efforts pour modifier les habitudes établies, mais une fois que vous aurez noté les petits bénéfices retirés des premiers changements, vous pourrez entrer dans une spirale vous faisant passer d'un état de mauvaise santé à une forme grandissante.

La méthode de l'Ayurvéda consiste à essayer de changer l'équilibre de toutes les activités, et non à vouloir s'attaquer à des symptômes isolés. Si vous procédez à des changements généraux dans votre vie qui sont bons pour vous, votre équilibre s'améliorera de telle sorte que, lorsque vous n'aurez plus d'énergie doshique en excès, de nombreux symptômes que vous pourriez avoir disparaîtront d'eux-mêmes.

TELEVISION

Regarder trop la télévision augmente vâta par une trop grande stimulation des yeux et des oreilles. Cela augmente aussi kapha en raison de la nature passive de cette occupation. Le sujet regardé peut aussi affecter les doshas. En Ayurvéda, le principe du " semblable qui augmente le semblable " est important ; par exemple, si la qualité globale d'un programme a des émotions pitta négatives (voir p. 78), celles-ci peuvent s'imprimer à un niveau subtil de l'esprit et augmenter alors pitta. Pour ce qui est de savoir si ces impressions subtiles se manifestent dans un individu et de quelle manière, cela dépend de nombreux facteurs, mais il est peu probable qu'une corrélation directe soit possible. L'habitude d'écouter des bulletins d'informations terribles peut augmenter votre niveau de vâta. Soyez sélectif dans votre manière de voir et d'écouter et vous pourrez avoir seulement les qualités subtiles que vous souhaitez.

Occupations Journalières

Prêtez un peu attention à vos occupations journalières et arrangez les événements de votre vie pour un bien-être optimum. Demandez-vous si vos responsabilités, vos habitudes et vos préférences profitent à votre équilibre doshique ou le perturbent. Les contraintes modernes peuvent vous faire croire que vous n'avez que peu de choix dans de nombreux aspects de votre vie. Cependant, les bénéfices accumulés de petits changements peuvent faire une différence notable pour vous.

Votre constitution va influencer la manière dont vous arrangez votre vie. Lisez les indications suivantes afin de savoir si votre approche de la routine quotidienne vous aide à garder vos doshas équilibrés, ou si vous aurez besoin de procéder à des corrections pour empêcher votre dosha prédominant d'augmenter.

Votre programme

Un programme équilibré pour votre type de constitution vous permettra d'avoir fraîcheur et vitalité chaque jour.

VATA

Les types vâta ont besoin de régularité dans leur vie et de la maintenir — ce qui est une des choses les plus difficiles à réussir pour une personne vâta. Mais si vous y parvenez, vous aurez des niveaux d'énergie moins changeants et ressentirez moins de désagréments causés par un excès de vâta, comme l'insomnie et la fatigue. Mangez régulièrement et établissez des horaires réguliers pour vous coucher et vous lever.

Maintenez ce rythme même quand votre énergie est bonne. Notez les moments où vous déviez de votre route — étant incapable d'être suffisamment concentré sur vos tâches ordinaires, faisant frénétiquement trois choses à la fois, ou parlant vite et souvent, sautant du coq à l'âne. Ralentissez et donnez-vous le temps de penser ; vous continuerez à accomplir ce que vous jugez nécessaire, mais vous serez moins fatigué.

PITTA

Les types pitta se sont peut-être déjà organisés de manière efficace — ainsi, souvent, que ceux qui les entourent. Vous avez tendance à suivre vos plans avec précision, car cela vous aide à atteindre vos objectifs. Evitez d'être trop orienté vers un but. Prenez le temps de faire des choses juste pour le plaisir — comme faire une promenade de détente au lieu de participer à une compétition. S'asseoir dehors, par une claire nuit d'été et regarder la lune est très apaisant pour pitta.

KAPHA

Si vous avez déjà un programme fixe et n'aimez pas en changer, vous êtes probablement un type kapha. Réexaminez souvent votre routine, en opérant délibérément des changements pour vous empêcher de vous encroûter. Surmontez votre horreur du changement de type kapha en faisant un pacte avec vous-même, afin de faire quelque chose d'une manière légèrement différente chaque jour — par exemple, variez votre trajet pour vous rendre à votre travail.

VPK au Travail

Vous passez peut-être au moins un tiers de votre journée à travailler ; aussi les nombreuses qualités associées à votre travail et votre environnement de travail affecteront vos doshas. Si vos évaluations (voir p. 104-5) montrent que les effets accumulés du travail résultent en une augmentation constante d'une ou plusieurs doshas, il vous faudra peut-être adapter votre alimentation, vos occupations journalières et vos loisirs pour parvenir à un équilibre.

Les qualités des différentes occupations peuvent être reliées aux qualités de vâta, pitta et kapha (voir ci-contre). Gardez ces qualités à l'esprit en recrutant d'autres personnes et recherchez quelqu'un qui ait un bon équilibre des qualités requises dans sa constitution. Cependant, si elles sont en excès, ces qualités doshiques se manifesteront sous forme de caractéristiques négatives. Par exemple, un administrateur digne de confiance (kapha) peut refuser d'accepter de changer si son kapha augmente excessivement. De même, il se peut que le directeur efficace (pitta) se concentre sur ses objectifs personnels plutôt que sur ceux de sa société, et le concepteur créatif (vâta) peut avoir des idées irréalisables.

Beaucoup de tension peut s'élever lorsque vous avez à travailler avec quelqu'un qui suscite de fortes émotions en vous. Celles-ci affecteront aussi vos doshas (voir p. 78). Réfléchissez à ces difficultés à vos moments perdus afin de démêler les différents nœuds du problème et de savoir pourquoi vous réagissez comme vous le faites. Regardez profondément en vous, mais sans être dur envers vous-même. Tâchez de comprendre la situation, sans en attribuer la faute. Vous pourrez trouver des moyens de résoudre le problème. Il ne sera peut-ête pas facile de modifier les circonstances extérieures, mais vous pouvez en limiter les effets perturbateurs sur votre bien-être en devenant un “ observateur ” (voir chapitre Sept).

En considérant les effets du travail sur vos doshas, il vous faudra tenir compte des qualités de votre environnement de travail. Il se peut qu'il y ait de subtiles influences psychologiques. Par exemple, la crainte du licenciement entraîne avec elle la peur du chômage et du changement, ce qui augmente vâta ; ou bien la compétition au lieu de la coopération avec vos collègues augmente pitta.

Ce qui convient à chaque constitution

Le tableau ci-contre montre des exemples d'activités de vâta, pitta et kapha (VPK). Les qualités aériennes de vâta sont bonnes pour la communication ; l'élément éther ajoute la créativité. Un puissant intellect est associé à pitta ; c'est la cas, par exemple, de la précision dont font preuve les ingénieurs compétents. La stabilité et la compassion de kapha sont appréciées dans les professions à tendance humanitaire, et l'élément terre de kapha trouve son expression en horticulture et l'agro-alimentaire. Inévitablement, de nombreuses occupations font appel aux qualités de toutes les doshas.

ACTIVITES VPK

VATA	PITTA	KAPHA
Danse	Direction	Infirmier (ère)
Acteur (trice)	Politique	Administration
Esthétique industrielle	Chirurgie	Cuisine
Enseignement	Droit	Bâtiment
Ecrivain	Finance	Conseil
Photographe		Travaux manuels

L'environnement au travail
En vous servant des exemples du tableau ci-dessous, essayez de relier les qualités de votre environnement à vâta, pitta et kapha.

ENVIRONNEMENT	CONDITIONS	DOSHA AUGMENTE
Bureau ou magasin à air conditionné	Manque de prâna dans l'atmosphère	Vâta
	Manque de lumière naturelle	Kapha ou Vâta
	Lumière artificielle vacillante	Vâta
Avion	Mouvement, manque de prâna, déshydratation	Vâta
Voiture/camion	Mouvement	Vâta
Cuisine	Chaleur	Pitta
Fourneau, fonderie	Chaleur	Pitta
Magasin froid	Froid	Vâta et Kapha
Contrôles près d'une porte de sortie	Bruit et courants d'air	Vâta

Expérience excessive	*Augmentation*
Ennui	*Kapha ou vâta*
Défis	*Pitta; aussi vâta s'ils suscitent la peur*
Compétition	*Pitta*
Concentration	*Pitta*
Prise de décisions	*Pitta*
Frustrations	*Pitta*
Interruptions	*Vâta*
Tâches répétitives	*Kapha*
Petite tâche répétitive suscitant la même action musculaire	*Vâta*
Responsabilité	*Pitta; aussi vâta, si vous vous inquiétez*
Assis/debout	*Kapha*
Parler	*Vâta*
Téléphoner	*Vâta*

Qualités au travail

Arrangez les qualités de votre environnement de travail pour vous aider à garder vos doshas équilibrés. Essayez d'avoir une lumière naturelle et de la ventilation, d'éviter les bruits gênants, d'avoir un espace suffisant et un décor agréable.

Nature de votre travail

En évaluant toutes les perturbations produites par votre travail sur vos doshas, considérez les qualités qui deviennent excessives. Etudiez le tableau de gauche et les effets qu'une expérience excessive peut avoir sur vos doshas.

ORDINATEURS

Les ordinateurs font maintenant partie de la vie moderne, que ce soit sur le lieu de travail ou à la maison. Certains de leurs effets négatifs sont à présent connus et des consignes ont été données afin d'en limiter les influences néfastes pour la santé. Si vous passez trop de temps à travailler ou à jouer sur un ordinateur, cela augmentera vos trois doshas, mais particulièrement vâta. La vitesse à laquelle les informations changent sur l'écran, le scintillement de l'écran (souvent subliminal) et les stimulations sensorielles et motrices répétées, tout cela perturbera vâta. La précision demandée, ainsi que les nombreuses frustrations qu'entraîne l'obtention des résultats requis, augmentent pitta. La tension oculaire peut gêner à la fois vâta et pitta. La nature sédentaire et l'aspect répétitif du travail sur ordinateur augmentent kapha. Prenez des mesures pour pacifier vâta en vous massant le visage, les mains et les avant-bras avec de l'huile. Faites des pauses fréquentes loin de votre ordinateur, de préférence à l'air libre ; et bougez et étirez souvent votre corps, en particulier les doigts, les mains, les bras et les épaules. Passez quelques minutes, deux ou trois fois par jour, à vous reposer les yeux. Pour cela, vous pouvez poser les coudes sur le bureau ou sur vos genoux, fermer les yeux, et les recouvrir de vos paumes.

ACTIVITÉS DE LOISIRS

En comprenant les qualités associées à vos activités de loisir, vous serez capable, à court terme, d'ajouter les qualités opposées qui permettront de réduire certains effets contraires, par exemple dans votre vie professionnelle. Choisissez des activités de détente et de loisir qui conviennent à votre constitution, guidant ainsi l'équilibre et l'harmonie dans votre vie. Par exemple, de la musique douce calmera vâta, mais les personnes kapha peuvent avoir besoin d'être stimulées par une musique plus forte, plus vivante.

Prenant en compte les conséquences à long terme de vos activités de loisirs sur vos doshas — cela vous amuse peut-être maintenant, mais n'êtes-vous pas en train de vous préparer des ennuis dans l'avenir ? Par exemple, vous prendrez peut-être plaisir à être très actif à vingt ou trente ans, mais vous risquez de franchir la ligne qui sépare une activité saine, variant en fonction de chaque individu, d'une certaine hyperactivité. Cette dernière augmente l'énergie de vâta. Si l'augmentation est graduelle, vous n'en ressentirez peut-être pas les effets avant d'avoir quarante ou cinquante ans, lorsque le dosha en excès aura pénétré profondément dans les tissus (voir pp. 68-74).

Le choix des loisirs
En regardant les indications doshiques ci-dessous, vous pourrez choisir des activités de loisirs appropriées à votre constitution.

VATA

Vâta est facilement augmenté par un mauvais usage ou une mauvaise utilisation des sens, puisque vâta est prédominant dans le système nerveux. De la musique très forte, des lumières qui clignotent rapidement, et les jeux sur ordinateur, tout cela sollicite trop les sens. Si vous avez une constitution vâta, vous êtes naturellement attiré par l'action rapide et les nouvelles expériences, mais vous devriez prendre le temps de vous livrer à des activités calmes, tranquilles et créatives comme la peinture et le tissage. Les saunas vous seront aussi bénéfiques, en raison de leurs qualités chaudes et humides.

PITTA

Les personnes pitta sont attirées par les situations de compétition, impliquant un défi mental. Il est bon d'être suffisamment sollicité pour éviter le risque d'ennui, mais pas au point de vous rendre agressif ou d'augmenter votre détermination de vaincre. Vous devriez éviter les compétitions en face-à-face.

KAPHA

Si on le leur permet, les personnes kapha adorent rester assises à ne rien faire alors qu'il vaudrait mieux participer à des activités stimulant à la fois le physique et le mental. Faites un effort concerté pour prendre part à de nouvelles activités, mais ne laissez pas celles-ci dégénérer en habitudes inconscientes. Apportez constamment des variantes à vos activités de loisirs — par exemple, inventez régulièrement de nouvelles combinaisons d'aérobic.

Sports et divertissements

Si vous vous adonnez fréquemment aux sports, choisissez ceux dont les qualités vous aideront à équilibrer les qualités doshiques de vos autres activités, notamment votre travail. Le tableau ci-dessous vous aidera à relier les sports et leurs diverses activités à vâta, pitta et kapha. Rappelez-vous que “ le semblable augmente le semblable ”. Par exemple, la pratique d'un sport “ vatagénique ” augmentera votre dosha vâta. Votre façon de pratiquer un sport peut aussi en modifier les qualités. Par exemple, si vous êtes agressif, cela augmentera pitta, de même que la compétition. Le mouvement, la vitesse et l'action sont des qualités vâta, et vont par conséquent augmenter vâta.

JARDINAGE

Le jardinage est bénéfique pour tous les doshas. Il aide les personnes vâta à être en contact avec la terre, à moins qu'elles ne soient par trop enthousiastes et ne s'épuisent. Le fait de prévoir et de chercher à faire pousser de nouvelles variétés de plantes et de rendre les anciennes plus productives maintiendra l'intérêt de pitta. Les personnes kapha ont une affinité avec la terre, et le travail physique au jardin leur est très profitable. De plus, l'air frais apportera un supplément de prâna qui équilibrera tous les doshas.

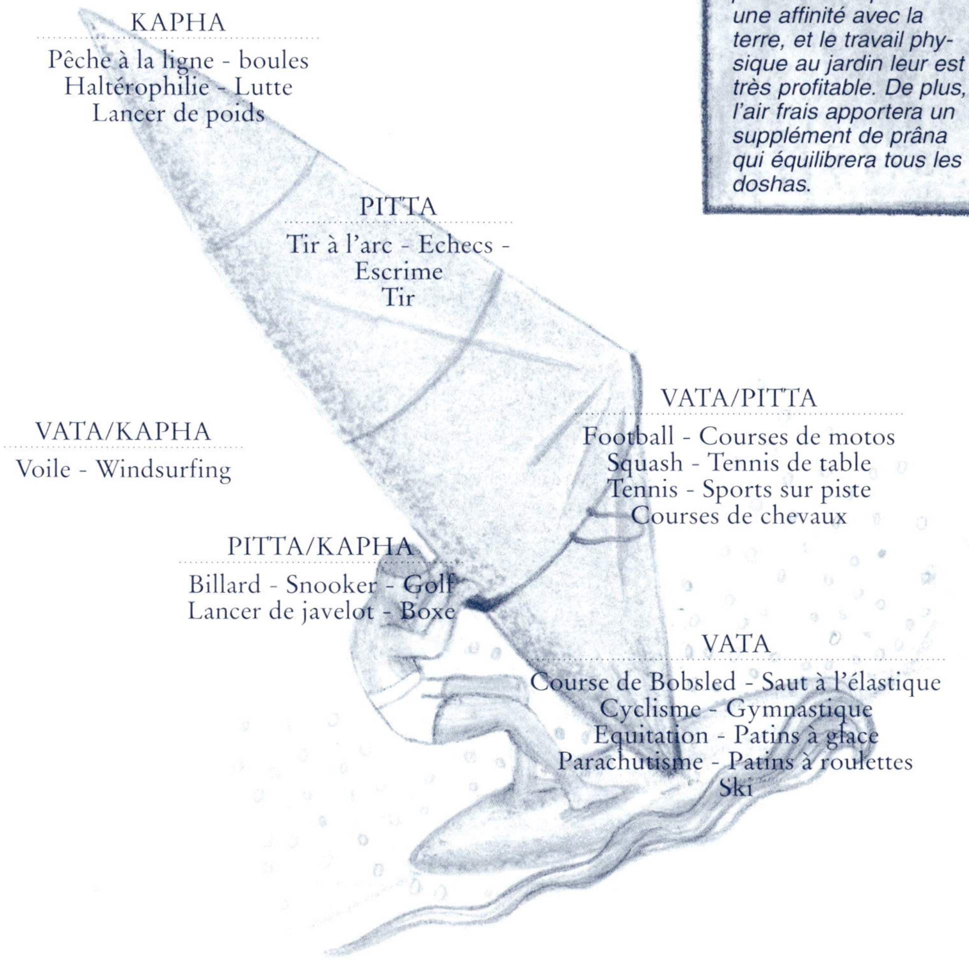

En Vacances

Les vacances offrent une chance de changer de cadre de vie, de faire une pause par rapport à vos responsabilités et donnent le temps de se détendre une fois arrivé à destination. Tous les modes de transport, notamment l'avion, augmentent vâta. L'anxiété liée au vol augmente vâta, rendant encore plus anxieux. Prenez des mesures pour pacifier vâta pendant le voyage. Evitez l'alcool, qui augmente la déshydratation et buvez à la place des jus de fruits sucrés dilués ; prenez de la tisanè de gingembre ou des pastilles de gingembre ; massez-vous le visage et les mains avec une huile légère, faite par exemple avec une goutte d'huile essentielle de lavande pour 5 ml (= 1 cuillerée à thé) d'huile de base ; mangez peu, et des aliments faciles à digérer.

Un changement de décor

Partir en randonnée sac au dos dans les montagnes couvertes de neige demande beaucoup d'efforts et est stimulant. Ce sont certes des vacances très adaptées à une constitution pitta, mais ce n'est pas recommandé pour les types vâta.

Choisir ses vacances

Le genre de vacances que vous choisirez affectera vos doshas. Décidez-vous pour quelque chose qui aura les qualités adéquates qui vous aideront à équilibrer votre mode de vie.

VATA

Si vous avez une constitution vâta, vous serez très affecté par les changements et les expériences nouvelles. Le tourisme et les circuits sont vâtagéniques. Vous profiterez davantage de vacances au même endroit, avec beaucoup de soleil et de chaleur, mais pas sous un climat aride. Des endroits au bord de la mer aggraveront moins vâta que ceux situés en altitude. Résistez à la tentation de remplir vos journées et vos nuits d'activités, qui vous laisseront fatigué. Trouvez-vous un bel endroit et jouissez de ne rien faire.

PITTA

Si vous avez une constitution pitta, évitez les climats chauds. Soyez suffisamment actif pour avoir l'esprit satisfait en vous défiant vous-même plutôt que les autres. Essayez des activités comme la randonnée, le canoë ou le ski. Laissez vos vacances se dérouler sans les organiser au point d'être frustré si les choses ne se passent pas comme prévu.

KAPHA

Si kapha est prédominant dans votre constitution, vous serez probablement ravi de vous étendre au soleil en en faisant le moins possible. Pourtant, un circuit ou des vacances actives, qui apportent un nouvel intérêt chaque jour, vous feraient le plus grand bien.

Faire de l'Exercice

Faire régulièrement des exercices aide à améliorer la digestion : cela augmente agni, empêche les canaux de s'obstruer, évacue les déchets du métabolisme cellulaire et garde les muscles souples. Presque tout le monde en tirera profit, mais les exercices doivent être adaptés à votre constitution. Trop d'exercice augmente vâta.

La durée de l'exercice varie avec chaque individu. L'Ayurvéda dit que vous devriez le pratiquer à la moitié de votre capacité. Par exemple, si vous savez que vous êtes épuisé après avoir couru pendant une demi-heure, ne dépassez pas quinze minutes de course. Il y a une autre façon de constater que vous avez atteint le maximum : c'est la sueur, quand elle vous vient sur le front, sous les bras et le long de la colonne vertébrale.

L'exercice et VPK

Lisez les indications suivantes pour vous aider à déterminer le meilleur exercice pour votre constitution.

VATA

Si vous avez une constitution vâta, vous êtes attiré par les exercices vigoureux, comme l'aérobic ou le jogging et vous allez souvent jusqu'à la limite de l'épuisement. Cependant, s'exercer à ce niveau augmente vâta, ce qui aura des répercussions nuisibles sur vos articulations, qui sont particulièrement vulnérables chez les personnes de constitution vâta. Faites chaque jour des exercices modérés et réguliers.

PITTA

Si vous avez une constitution pitta, vous devriez éviter les sports de compétition comme le tennis ou le squash. Votre détermination à gagner peut vous amener à prendre le sport trop au sérieux. Les sports aquatiques et les sports d'hiver rafraîchiront la chaleur de votre constitution pitta.

KAPHA

Si vous avez une constitution kapha, vous n'aimez probablement pas faire de l'exercice. De l'exercice vigoureux vous serait très bénéfique, bien que vous ayez besoin de beaucoup d'encouragement, jusqu'à ce que vous ayez établi une routine. Vous aurez plus d'endurance pour vous exercer que ceux qui ont une constitution vâta.

Le yoga, la marche et la natation sont de bons exercices pour tous les types de constitution, équilibrant les trois doshas, et peuvent être pratiqués seuls ou avec d'autres. Si vous êtes un type vâta, servez-vous de votre enthousiasme pour commencer un nouveau programme d'exercices en encourageant un de vos amis kapha à vous joindre à vous. Un arrangement hebdomadaire avec votre ami kapha pour vous rencontrer à la piscine ou au cours de yoga vous aidera à maintenir l'habitude une fois que l'excitation du départ sera passée. Votre ami pitta pourra se joindre à vous une fois qu'il aura vu le bénéfice qu'il peut en retirer.

Recevoir un massage est une forme passive d'exercice, apportant le bénéfice physiologique de l'exercice. Il aide aussi à neutraliser le stress de la vie moderne, surtout si vous pouvez vous étendre pendant une heure dans une atmosphère agréable et relaxante et être l'objet de toute l'attention et la sollicitude de quelqu'un. Intégrez un massage hebdomadaire, bimensuel ou mensuel dans votre mode de vie, afin de ressentir l'accumulation des bénéfices.

L'exercice ne doit pas être limité aux périodes où vous avez une heure devant vous. Des exercices de courte durée plusieurs fois par jour sont très bénéfiques. Une courte promenade après le repas facilitera la digestion. Habituez-vous à étirer et relaxer occasionnellement les différents groupes de muscles, surtout si vous devez rester assis pendant de longues périodes. Commencer la journée par des étirements ou des échauffements équilibre le sommeil nocturne. Ces exercices peuvent aussi être pratiqués à d'autres moments de la journée, mais pas après les repas.

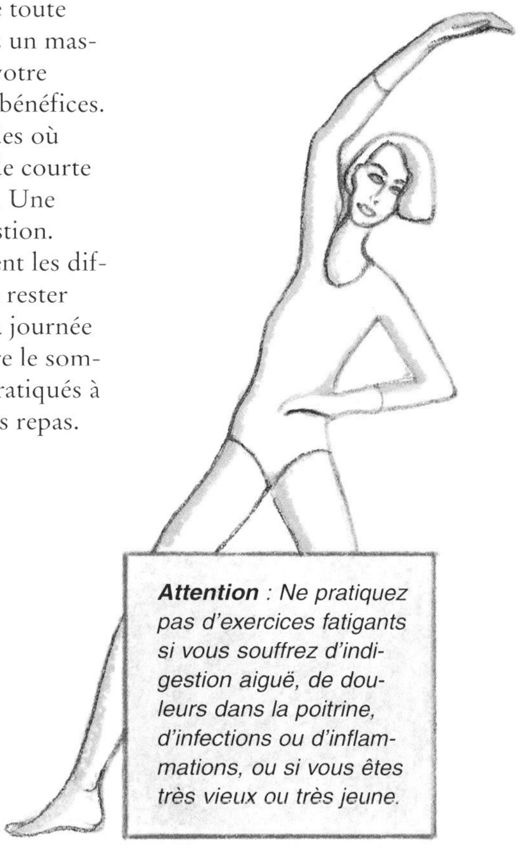

***Attention** : Ne pratiquez pas d'exercices fatigants si vous souffrez d'indigestion aiguë, de douleurs dans la poitrine, d'infections ou d'inflammations, ou si vous êtes très vieux ou très jeune.*

Série d'Exercices Simples

Avant de commencer les exercices, agenouillez-vous tranquillement, les fesses sur les talons (voir ci-dessous). Soyez en harmonie avec votre respiration, en prenant plusieurs respirations abdominales profondes et rythmées — laissez vos muscles abdominaux se distendre à l'inspiration et se contracter doucement à l'expiration. En effectuant la série d'exercices, restez conscient de votre respiration et essayez de coordonner vos mouvements avec elle.

Au début, pratiquez ces exercices lentement, en prenant une ou deux inspirations et expirations dans chaque position avant de changer pour la suivante. Soyez conscient de l'étirement et de la contraction de vos muscles. Ne forcez en aucune façon. Puis mettez-vous en position agenouillée et, tout en maintenant la profonde respiration abdominale rythmée, représentez-vous votre corps en train d'effectuer la suite d'exercices. Vous pouvez le faire en visualisant les mouvements, ou en imaginant ce que ressent votre corps, et notamment vos muscles, pendant que vous les effectuez. Pratiquez ensuite les exercices.

Une fois que vous serez familiarisé avec les exercices, pratiquez-les quotidiennement pour vous aider à garder votre corps souple. Commencez en effectuant trois fois cette série et augmentez lentement jusqu'à dix. Il est important que vous pensiez, avant de commencer chaque série, à vous mettre à l'unisson avec votre respiration, car cela se répercutera sur la rapidité avec laquelle vous pratiquerez vos exercices.

Quand les exercices vous seront familiers et que vous serez à l'aise en les exécutant, vous pourrez rendre la série plus dynamique, notamment si vous avez une constitution kapha, mais n'oubliez pas de continuer à coordonner la respiration et le mouvement. Quand vous aurez terminé la série, demeurez quelques instants à genoux — détendu physiquement et calme mentalement — et observez votre respiration.

La position à genoux
Agenouillez-vous, les genoux et les talons légèrement écartés, mais les gros orteils se touchant. Puis asseyez-vous de façon que vos fesses reposent confortablement sur vos talons, les mains posées sur les cuisses, juste au-dessus des genoux. Vérifiez que votre colonne vertébrale est droite, mais détendue, et tenez le menton de façon que votre nuque et votre tête soient dans l'alignement de votre colonne vertébrale.

1 Etirement vers le haut
A l'inspiration, restez sur les genoux, et levez les fesses tout en étirant les bras au niveau des oreilles, les paumes vers l'avant, et les doigts pointés vers le ciel.

2 Position de repos
A l'expiration, penchez-vous en avant, le front, les mains (légèrement écartées) et les coudes (pliés) reposant sur le sol, et les fesses sur les talons.

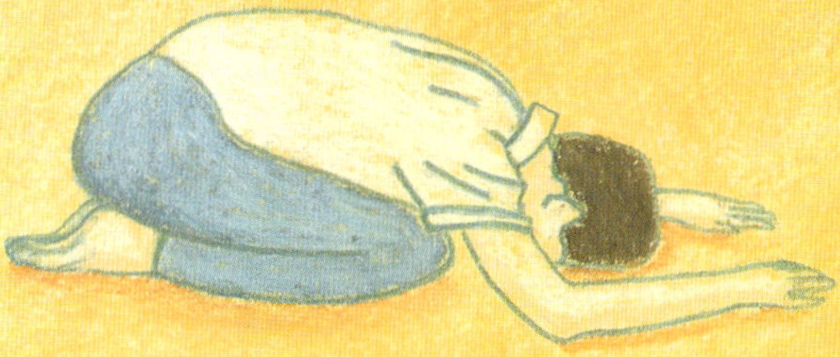

3 Position à quatre pattes
A l'inspiration, sans changer la position des mains et des genoux, redressez-vous pour vous mettre à quatre pattes, en relevant le menton et les fesses. Relâchez le ventre et le creux des reins vers le sol afin de créer une courbe douce dans la région lombaire.

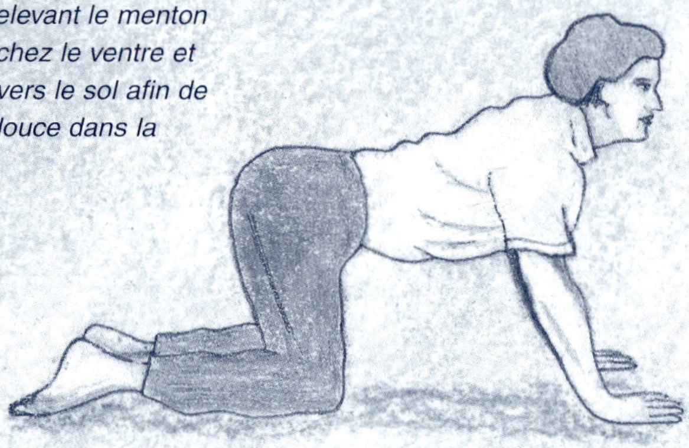

4a Préparation
Préparez-vous à bouger en position inversée en rentrant les orteils, mais en restant à quatre pattes.

4b Position inversée en V

A l'inspiration, exercez une poussée vers le sol avec vos mains en tendant les jambes de façon que vos fesses se redressent, donnant à votre corps la forme d'un V inversé ; mettez la tête entre les bras, le sommet de la tête dirigé vers le sol et sentez que votre dos et vos épaules sont plats. Mettez les talons à plat sur le sol, mais sans forcer.

Note

Si vos talons ne se mettent pas facilement à plat en position inversée, pratiquez la marche sur place en ayant alternativement un genou plié tandis que l'autre talon se pose à plat sur le sol. Gardez les orteils sur le sol pendant ce temps.

5 Retour à la position à quatre pattes

A l'inspiration, revenez à la position à quatre pattes.

6 Retour à la position de repos

A l'expiration, revenez à la position de repos.

7 Etirement du dos

A l'inspiration, dressez les bras devant vous, appuyez vous sur les genoux, bougez le corps vers l'avant, en abaissant vos hanches et vos fesses vers le sol. Gardez les bras tendus de façon que le poids du corps soit sur les paumes des mains. Redressez le menton et regardez vers le haut.

8 Retour à la position de repos
A l'inspiration, revenez à la position de repos.

9 Etirement vers le haut
A l'inspiration, redressez-vous en vous étirant vers le haut.

10 Retour à la position à genoux
A l'expiration, revenez à la position à genoux, avec la colonne droite et les mains sur les cuisses.

EVALUATION DU TRAVAIL, DES LOISIRS ET DE L'EXERCICE

En évaluant les qualités doshiques de votre travail ou de vos principales activités quotidiennes, vous devrez tenir compte de la force de leur influence, qui peut se modifier de temps en temps. Les qualités prépondérantes de votre travail de bureau peuvent augmenter kapha, mais si un nouveau patron essaie de vous saper ou de vous donner de nouvelles responsabilités, il est probable que cela augmentera également vâta et pitta.

Servez-vous de la liste de questions (ci-dessous et ci-contre) pour commencer à évaluer votre travail et vos loisirs. Notez les descriptions qualitatives de tous les aspects de votre travail. Puis, en utilisant les listes des qualités (voir pp. 28-31 et pp. 88-91), estimez l'effet de votre travail sur vos doshas. Demandez-vous quels aspects ont besoin d'être équilibrés, soit en changeant vos habitudes de travail (si c'est possible), soit en modifiant d'autres parties de votre vie, afin d'apporter une complète harmonie doshique. Tenez également compte de la quantité d'exercices que vous pratiquez et de ce que vous faites pendant vos loisirs. Considérez-en les qualités afin de constater le rapport existant entre ce que vous faites et les doshas. Est-ce pour vous la bonne façon de passer votre temps ?

Questions sur l'évaluation du travail

- *Quelles compétences utilisez-vous dans votre travail ?*
- *Quelles sont les exigences intellectuelles, physiques et émotionnelles qui pèsent sur vous pendant votre travail ?*
- *A quoi ressemble votre environnement au travail ?*
- *Votre travail nécessite-t-il que vous soyez assis ou debout dans une posture particulière, ou que vous mainteniez ou utilisiez votre corps dans une position particulière pendant une longue période de temps ?*
- *Quelles sont les petites expériences que vous vivez tous les jours dans votre travail ?*
- *Combien de temps passez-vous à travailler sur un ordinateur ?*
- *Comment ressentez-vous votre travail ?*
- *Avez-vous des relations difficiles associées à votre travail ?*

Questions sur l'évaluation des loisirs et de l'exercice

• De combien de temps disposez-vous par jour/par semaine pour vos loisirs ?
• Quel exercice faites-vous ? Est-ce trop ou pas assez ?
• Quels sports pratiquez-vous ? Comment se sentent votre corps et votre esprit pendant et après le sport ?
• Quels sont vos hobbies et passe-temps favoris ? Quelles expériences intellectuelles, physiques et émotionnelles y sont impliquées ? Quelles sont leurs qualités ?
• Ressentez-vous une gêne quelconque avant, pendant ou après vos activités de loisirs, comme des maux de tête ou de l'épuisement ?
• Regardez-vous la télévision, écoutez-vous de la musique ? Quelles sont vos autres expériences sensorielles ?
• Passez-vous régulièrement du temps, même bref, avec votre partenaire, vos enfants ou des amis ?

PROFIL AYURVEDIQUE : MARTIN
Age *: 45 ans*
Taille *: 1 m 79*
Poids *: 70,5 kg*
Constitution *: Pitta*

Vous en saurez plus sur Martin pages 156-7 et 182-3.

Juriste ambitieux décrit par ses amis comme un drogué de travail, Martin attend de ses employés des performances irréalistes. Il prend des décisions rapides, a horreur de l'échec et est soupe au lait. Il lui arrive de sauter des repas quand il est plongé dans son travail, mais cela le rend très critique et quand il arrête de travailler, il devient vorace. Il apprécie la nourriture italienne et mexicaine très épicée. Il joue au squash et aime les voitures rapides. Il a souvent des indigestions acides ainsi que des boutons et des taches sur la figure et le cou. Une à deux fois par an, il a une infection des poumons bénigne. L'année dernière, il a eu des maux de tête occasionnels mais violents.

Interprétation : Martin a des troubles de pitta. Sa constitution pitta fait de lui quelqu'un de très capable intellectuellement et d'ambitieux, mais l'excès de pitta le submerge. Sa crainte de l'échec ne lui permet pas de se détendre ni d'écouter de conseils, jusqu'au point où son corps ne supporte plus la pression. Ses activités de travail et de loisir augmentent pitta.

ROUTINE MATINALE

Votre corps est prêt à s'adapter à vos habitudes, aussi est-il important que vous établissiez une routine qui contribue à améliorer globalement votre santé et votre vitalité. Les bonnes habitudes semblent souvent les plus difficiles à acquérir. Votre esprit peut résister au changement ou vous convaincre que vous passez à côté de certains plaisirs de la vie. Mais le fait de suivre quelques lignes de conduite simples (voir pp. 108-9) pendant une courte période chaque jour — ce qui implique uniquement de penser à quelque chose de manière différente — est préférable aux moments d'inconfort et de maladie qui peuvent vous affecter pendant de longues périodes.

Vos occupations matinales courantes auront probablement évolué afin de prendre en compte la nécessité d'être à l'heure au travail et/ou de préparer les enfants pour l'école. Vous avez peut-être l'impression que vous n'avez pas de temps, le matin, pour quelque chose de nouveau ou de différent. L'introduction de changements peut signifier qu'il faut faire les choses de manière légèrement différente et se lever un peu plus tôt (voir pp. 112-13). Si vous décidez de changer vos habitudes matinales, commencez par choisir une ou deux modifications et vous mettrez graduellement sur pied une routine plus saine.

Tôt le matin est le principal moment de vâta (voir p. 151). L'énergie vâta de la cavité pelvienne est responsable de l'expulsion de l'urine et des selles. L'Ayurvéda enseigne que le besoin naturel de déféquer doit survenir tôt le matin, juste après l'éveil naturel du sommeil. En plus d'une élimination correcte, d'autres parties importantes de la routine quotidienne comprennent des étirements, ou des exercices (voir pp. 96-103), et quelques instants pendant lesquels on observe sa respiration. Tout cela prépare le corps et l'esprit à une nouvelle absorption de nutriments et d'expériences.

Exercice matinal

Des étirements réguliers et des exercices modérés, en faisant partie de votre routine matinale, aident à réguler votre métabolisme corporel.

Conseils pour une Routine Matinale

Les suggestions suivantes sont valables pour tous les types de constitutions. Servez-vous en pour décider de la manière dont vous souhaitez modifier votre routine matinale.

1 *Au réveil, restez allongé quelques instants et prenez conscience des sensations de votre corps, et de votre attitude envers cette nouvelle journée. Pensez à tous les niveaux de votre être et à la part que vous prenez dans la création universelle. Quels que soient les difficultés ou les défis auxquels vous pourrez faire face pendant la journée, commencez-la en ayant des pensées de tendresse et d'amour pour vous-même. Adoptez une attitude de remerciement ; vous garderez ainsi votre cœur ouvert aux merveilles de l'univers et à ses bénédictions. Essayez de conserver cette attitude consciente tout au long de vos activités quotidiennes.*

2 *Frottez vos paumes l'une contre l'autre et maintenez-les ou frottez-les doucement sur votre visage avant de quitter le lit. Sentez l'énergie et la vitalité qui s'écoulent dans votre être.*

3 *Saluez-vous dans le miroir, ce qui vous rappellera que vous vous aimez et vous respectez.*

4 *Allez aux toilettes et effectuez les besoins naturels d'élimination, qui doivent se manifester le matin (voir pp. 126-7).*

5 *Grattez-vous doucement la langue avec un grattoir pour la langue ou une petite cuiller. Cela stimule le système digestif à travers les canaux subtils (semblables aux méridiens) qui sont reliés à la langue. S'il y a ama (voir p. 77) dans votre corps, vous avez peut-être une langue chargée ; grattez-la, cela vous aidera à retirer une partie de ce qui la recouvre.*

6 *Nettoyez-vous les dents. Si vous avez des gencives molles, massez-les avec l'index après l'avoir trempé dans l'huile de sésame. Répétez ces gestes le soir.*

7 *Nettoyez les conduits du nez. Appuyez sur une narine en dégageant l'autre grâce à une profonde respiration abdominale. Ne prenez pas d'inspirations courtes, superficielles ou forcées. En vous servant de votre petit doigt, massez soigneusement ˆ l'intérieur de chaque narine avec de l'huile de sésame ce qui empêchera les muqueuses de se dessécher. Pour cela, l'ongle de votre doigt doit être court.*

8 *Huilez-vous la peau (voir p. 117).*

9 *Prenez une douche chaude, voire très chaude, ou un bain. N'utilisez que de l'eau chaude sur la tête.*

10 *Faites quelques exercices d'étirement (voir pp. 98-103) ou de yoga. Enchaînez avec de la méditation ou un moment de tranquillité.*

11 *Habillez-vous avec des vêtements frais, propres et confortables. Choisissez les couleurs en fonction des effets de vos doshas (voir pp. 110-11).*

12 *Prenez votre petit déjeuner, si cela convient à votre constitution (voir p. 151).*

Les Effets de la Couleur

Différentes qualités sont associées à différentes couleurs. Vous pouvez relier celles-ci à vâta, pitta et kapha et utiliser la couleur pour agir sur votre bien-être, notamment par les vêtements que vous choisissez et le décor de votre maison et de votre lieu de travail.

Les séries de nuances reflètent les différentes facettes d'une couleur. Par exemple, le rouge est associé à la chaleur, la violence, l'agression, la passion, le pouvoir, la domination, mais il peut ausssi être stimulant, réchauffant et réconfortant.

JAUNE ET ORANGE

Le jaune et l'orange sont des couleurs chaudes, stimulantes qui augmentent pitta. Leurs nuances fortes et sombres ne sont pas conseillées si vous avez une constitution pitta ou un fort dosha pitta, mais le jaune soleil réjouira les types vâta qui ont tendance à la dépression.

ROUGE

Le rouge stimulera trop pitta, mais peut réchauffer vâta, et apporter une stimulation nécessaire à kapha. Le rose est plus doux, enveloppant, tendre et calmant, mais si vous avez une constitution kapha, il peut vous rendre plus léthargique. Les voitures rouges ne sont pas recommandées, car elles pourraient ajouter un peu d'agressivité à votre manière de conduire, surtout si vous avez une constitution pitta.

VERT

Un vert nuancé de jaune augmentera pitta et diminuera vâta. Les verts bleutés rafraîchissent et calment pitta, et augmentent kapha.

DORE
Le doré, couleur du soleil, est échauffant, et peut être employé si vous avez une constitution vâta ou kapha. L'argent est associé à la lune et est refroidissant. Si vous avez une constitution pitta, vous pourriez peut-être porter des bijoux en argent plutôt qu'en or.

BLEU ET VIOLET
Le bleu et le violet sont des couleurs refroidissantes que peuvent porter avec profit ceux qui ont une constitution pitta.

CONSEILS POUR LES CONSTITUTIONS

Chaque type de constitution devrait, dans l'idéal, décorer sa maison de couleurs qui apaisent leur dosha prédominant. Les maisons vâta devraient être dans des couleurs pastel chaudes, les pitta dans des bleus et des verts froids, les kapha dans des couleurs vives.

Kapha *Evitez le blanc si vous êtes kapha. Toutes les couleurs pacifient kapha, à l'exception des verts et des bleus foncés. Choisissez des couleurs vives, fortes, audacieuses et des motifs qui vous stimuleront.*

Vâta *Si vous êtes un type vâta, le bleu et d'autres couleurs sombres seront probablement prédominantes dans votre garde-robe. Dans l'idéal, vous devriez éviter les couleurs sombres, notamment le noir, les bruns et les bleus. Evitez également les couleurs vives qui peuvent troubler la sensibilité du nerveux vâta. Choisissez des tons pastel à la place.*

Pitta *Eliminez le rouge et le noir de votre garde-robe si vous êtes de type pitta. Employez des couleurs fraîches, douces, pâles, et le plus possible de bleu.*

Evaluation du Matin

Peu nombreux sont ceux qui considèrent dans le détail les expériences qu'ils vivent entre le réveil et le commencement de leurs principales activités quotidiennes. Faites la liste des tâches que vous accomplissez le matin, dans l'ordre (voir ci-dessous). Ajoutez vos sensations au réveil et votre attitude pour commencer la journée. Comparez votre liste aux occupations suggérées pages 108-9, pour vérifier si vous avez besoin d'y apporter des modifications. Quels changements souhaitez-vous (par exemple, vous lever 20 minutes plus tôt pour faire des étirements ou vous asseoir pour prendre votre petit déjeuner), et qu'avez-vous besoin de faire pour qu'ils se produisent ?

Si une partie de votre programme implique de faire lever votre enfant et de le préparer pour l'école, ajoutez à votre évaluation ce que vous faites pour votre enfant, et les éventuels sentiments et frustrations que vous ressentez. Désirez-vous adapter certaines de ces habitudes et attitudes à mesure que votre enfant est plus à même de s'occuper de lui-même ?

Les questions suivantes peuvent vous aider à prendre conscience de vos habitudes matinales — sont-elles bonnes pour vos doshas ?

- *A quelle heure vous levez-vous ? Cela vous laisse-t-il assez de temps pour vous préparer pour la journée sans vous précipiter ?*
- *Combien de temps restez-vous au lit avant de vous lever ? A quoi pensez-vous ? Vous réjouissez-vous à l'avance de cette nouvelle journée ?*
- *Avez-vous envie de vider vos intestins et votre vessie dès le matin à la première heure ? Y faites-vous attention ? Est-ce que deux ou trois selles sont nécessaires ? Avez-vous besoin de boire du thé ou du café pour stimuler les selles ?*
- *Combien de tasses de thé, de café ou autres boissons buvez-vous le matin ?*
- *Votre peau est-elle sèche ? Est-ce que vous l'huilez régulièrement ou lui appliquez des produits desséchants, comme le talc ou des parfums à base d'alcool ?*
- *Etirez-vous votre corps ou faites-vous de l'exercice ?*
- *Méditez-vous ou prenez-vous le temps de mettre vos idées en ordre ?*
- *La télévision ou la radio fonctionne-t-elle ? Y a-t-il un bruit de fond et y faites-vous attention?*
- *Prenez-vous un petit déjeuner, et si c'est le cas, à quelle heure ? Vous asseyez-vous ou mangez-vous en route ?*
- *Comment vous sentez-vous au moment de commencer vos activités de la journée ?*

PROFIL AYURVEDIQUE : VICKY
***Age** : 60 ans*
***Taille** : 1 m 61*
***Poids** : 48 kg*
***Constitution** : Vâta*

Vous en saurez plus sur Vicky page 156.

Vicky a pris sa retraite il y a six mois. Bien qu'elle n'ait eu aucune maladie sérieuse, elle a souffert, une grande partie de sa vie, de fréquentes indigestions, d'un appétit variable, de gaz, et alterné des périodes de constipation et de selles molles. Elle a la peau sèche, une toux sèche et a souvent froid, surtout aux pieds. Elle dort de façon intermittente et se sent lasse la plupart du temps. Récemment, elle a remarqué des tics dans les mains et les doigts.

Vicky ressent une anxiété générale qui ne lui permet pas de se détendre. Elle a une langue chargée et souvent mauvaise haleine. Sa vie ne comprend que peu de routine, elle va se coucher à n'importe quelle heure entre 8 heures du soir et minuit selon la façon dont elle se sent. Occasionnellement, elle fait une promenade à pied. Elle dit qu'elle ne fait aucun exercice car elle est toujours à droite et à gauche. Son esprit saute d'une idée à l'autre et elle conçoit plus de projets qu'elle ne pourra jamais en mener à bien.

***Interprétation** : Vicky éprouve des indispositions dues à un excès d'énergie vâta, renforcé par les changements apportés par sa retraite. La mauvaise haleine et le revêtement de la langue sont le signe de toxines, peut-être dues à une mauvaise digestion résultant d'une augmentation de vâta et de mauvaises combinaisons alimentaires. Vicky aura du mal à adopter et conserver une routine quotidienne, c'est pourtant pour elle le meilleur moyen de pacifier vâta.*

Vicky est en train d'établir une nouvelle routine matinale. Elle se lève à 6h 30 et va aux toilettes, ses selles devenant régulières depuis qu'elle a commencé à prendre du triphala (voir pp. 128-9) tous les soirs. Elle se met de l'huile de sésame avant de se doucher et se nettoie la bouche et les conduits du nez. Depuis qu'elle participe à un cours de yoga, Vicky le pratique pendant une demi-heure en faisant dix minutes de respiration et en finissant par un moment de tranquillité. A 7h 45, elle prend son petit-déjeuner.

Depuis qu'elle est à la retraite, Vicky a revu les couleurs de ses vêtements. Quand elle fait des achats, elle est toujours attirée par le bleu, sa couleur favorite, mais a décidé d'y ajouter du rose et du beige. Elle pourrait aussi essayer des rouges chauds, notamment en hiver.

Retour à la Maison

La fin d'après-midi et le début de soirée sont des périodes vâta. Pour beaucoup de gens, c'est le moment de quitter le travail, de rentrer chez soi et de changer d'activités. Il est facile de programmer cette augmentation diurne d'énergie vâta dans votre soirée. Dès que vous serez rentré chez vous, douchez-vous, changez de vêtements et accordez-vous 10 minutes de tranquillité. Mettez cet instant à profit pour vous détacher des événements de la journée et vous rappeler “ qui vous êtes vraiment ” (voir chapitre Sept).

Essayez de ne pas rapporter à la maison vos préoccupations de travail. Si c'est le cas, faites l'effort mental de les mettre de côté, jusqu'à ce que ce soit le bon moment pour s'en inquiéter à nouveau. En même temps, efforcez-vous d'être réceptif et de suivre votre intuition dans vos décisions et vos actions concernant vos affaires. Il faudra peut-être une certaine pratique avant que cela fonctionne bien pour vous, mais la sincérité et la persévérance seront récompensées.

Vous pouvez aussi utiliser cette période de calme pour vous mettre en relation avec votre sagesse intérieure à propos des conflits et des difficultés de votre vie domestique. Si vos dispositions concernant votre ménage ou la préparation du repas du soir vous permettent difficilement de prendre quelques minutes de calme, n'oubliez pas que c'est votre attitude consciente qui fait vraiment la différence et que vous n'êtes jamais séparé de votre sagesse intérieure.

Mangez tôt le soir, pour que la nourriture puisse être digérée avant de vous adonner à d'autres activités. Vous devriez respecter un intervalle de deux heures entre le repas et le coucher.

Passez quelque temps avec vos enfants, votre partenaire, vos amis, ou avec vous-même chaque soir, sans distractions modernes comme le téléphone ou la télévision. Portez votre attention au moment présent, libre de vos regrets du passé ou de vos préoccupations du futur. La fatigue peut vous rendre irritable et désagréable en compagnie, mais en écoutant réellement l'autre, et en vous donnant du temps et de l'espace pour l'accepter, vous serez en mesure de favoriser spontanéité et compréhension.

Calme intérieur

Accordez-vous quelques instants à la fin de votre journée de travail pour fermer les yeux et entrer en contact avec votre beauté et votre paix intérieures.

INTIMITÉ

Le moment naturel d'intimité se situe pendant la période kapha dans la soirée, alors que l'acte sexuel augmente vâta grâce à la quantité d'énergie dépensée à travers l'esprit et le corps.

Une union sexuelle satisfaisante entre deux personnes améliore la santé, la vitalité, ojas (voir p. 56), et par conséquent l'immunité. Elle doit être développée avec le temps, chaque partenaire étant particulièrement concerné par la satisfaction de l'autre aux niveaux physique, mental, émotionnel, et au plus profond de l'être. Ils établissent ainsi une confiance qui leur permet de vaincre les défenses de leur être profond, amenant chacun à s'ouvrir complètement à l'autre et de trouver l'unité de l'orgasme.

La satisfaction réciproque ne peut être précipitée et nécessite un certain savoir-vivre. Bien que le toucher et l'odorat soient les principaux sens de l'intimité, chaque sens doit être satisfait. L'intimité suppose un environnement agréable — fleurs, musique douce, aliments sucrés. Prenez un bain dans de l'eau chaude parfumée d'huiles. Une sexualité saine a également besoin de la clarté d'une conscience totale (voir pp. 176-7).

L'assouvissement de la luxure et une sexualité insatisfaisante entraîneront une mauvaise santé due aux doshas augmentés et à la perte d'ojas, ce qui réduit l'immunité. Une perte excessive de tissu reproducteur affaiblit d'autres types de tissus, ce qui est aggravé par une sécheresse des cellules due à une augmentation de vâta. Une sexualité insatisfaisante perturbe également les émotions, et par conséquent les doshas, principalement pitta à travers la colère et la frustration, mais aussi vâta si la peur ou la vulnérabilité est ressentie, ou kapha si vous êtes possessif.

Le désir de luxure peut entraîner une dépendance envers le sexe et de fréquents changements de partenaires lors de vaines tentatives pour atteindre la satisfaction profonde que l'on peut trouver dans l'union sexuelle. Les personnes vâta peuvent changer de partenaire pour trouver la satisfaction dans de nouvelles expériences ; les pittas, parce qu'elles recherchent une intensité qu'elles ne peuvent atteindre, ou dont elles se croient incapables ; et les kaphas parce que, une fois qu'elles sont intéressées au sexe, elles ont un gros appétit.

La fréquence des rapports dépend de votre constitution, mais aussi des saisons — elle est plus réduite par temps chaud que par temps froid. Les personnes kapha ont une plus grande endurance et sont capables de participer plus fréquemment et plus longtemps que vâta et pitta.

TISSUS REPRODUCTEURS

Le lait, le miel, le ghee et l'oignon sont des aliments nourrissants pour les tissus reproducteurs. Mais l'oignon éveille le corps, ce qui pourrait augmenter le désir sexuel. Du lait chaud, avec du miel et des amandes, est conseillé après un rapport sexuel pour aider à nourrir les tissus.

HUILER

Huiler régulièrement la peau la maintient lisse et souple. C'est un moyen très utile de pacifier vâta, neutraliser la sécheresse, et réduire l'anxiété. Si vous avez une constitution vâta ou que vous soyez à l'âge de vâta (voir p. 10), essayez de vous mettre de l'huile au moins trois fois par semaine. Se huiler tout le corps une fois par semaine est recommandé à tout le monde (sauf contre-indications).

L'huile de sésame est la préférée en Ayurvéda. Elle est réchauffante, lourde et très apaisante pour vâta. Kapha est naturellement huileux et les personnes qui ont un kapha augmenté doivent se servir de l'huile avec modération. L'huile de sésame peut être trop échauffante pour pitta ; l'huile de tournesol ou de noix de coco conviendrait mieux. Utilisez des huiles organiques, de première pression à froid, que l'on trouve dans les magasins de diététique.

Contre-indications
N'utilisez pas d'huile :
• Si vous êtes sous suivi médical ou enceinte, si ce n'est avec le consentement de votre médecin, en connaissance de cause.
• Sur toutes les zones douloureuses, à moins d'un avis médical ou de celui d'un thérapeute pratiquant le massage.
• Sur toutes les zones où la peau est trouée, abîmée ou infectée.
• A l'heure du repas.
• Si votre langue est recouverte d'une couche épaisse, signe d'ama.

Conseils d'utilisation de l'huile
• L'huile, notamment l'huile de sésame, est très pénétrante et difficile à faire partir sur les tissus, notamment ceux fabriqués de façon artisanale. N'utilisez donc pas vos plus belles serviettes, réservez-en une pour cet usage. Après avoir appliqué l'huile, enfilez des chaussettes en coton de manière à protéger la moquette et la literie.
• N'appliquez pas d'huile sous les pieds si vous allez prendre un bain ou vous doucher ensuite, ils seraient très glissants. Faites attention dans la douche ou dans le bain, car le moindre excès d'huile de votre corps risque d'y déposer une pellicule. Nettoyez le lieu immédiatement.
• L'huile chaude est réconfortante et pénètre la peau mieux que l'huile froide.
• Si vous avez les cheveux longs et que vous ayez du mal à vous huiler le crâne, utilisez un compte-gouttes rempli d'huile dont vous promenerez le bout sur votre cuir chevelu en libérant lentement l'huile. Puis massez.
• Conservez l'huile dans un flacon équipé d'une canule afin de contrôler la quantité employée.
• Réchauffez l'huile en mettant le flacon dans un bol d'eau chaude.
• Ayez près de vous des serviettes en papier pour pouvoir vous essuyer immédiatement les mains ainsi que tout débordement.

Instructions d'application

• Ayez l'attitude de quelqu'un qui nourrit et aime son corps et lui-même. Restez concentré sur l'endroit de votre corps que vous huilez.

• Asseyez-vous ou mettez-vous debout sur une grande serviette étalée sur le sol dans un endroit chaud.

• Employez de petites quantités d'huile, et ajoutez-en au fur et à mesure qu'elle est absorbée. En vous servant de vos deux mains qui s'adaptent aux contours de votre corps, travaillez en faisant des cercles généreux et de longs mouvements, en partant des extrémités, sur tout le corps. Les vâtas doivent être doux envers eux-mêmes, mais les kaphas peuvent être plus vigoureux.

Masser le cuir chevelu

Le massage à l'huile du cuir chevelu procure une sensation de calme et de tranquillité. Ce type de massage pacifie vâta et peut diminuer le sentiment général d'anxiété.

Huiler la tête et les pieds

Une méthode abrégée d'application d'huile, que l'on peut employer la nuit pour apporter le calme et favoriser le sommeil, consiste à mettre de l'huile sur la tête et les pieds. Appliquez-la sur le sommet du crâne et massez quelques instants du bout des doigts. Si vous n'aimez pas avoir de l'huile sur les cheveux, appliquez-la sur le front et les tempes. (Une serviette protégera votre oreiller.) Assis sur le sol, mettez de l'huile sur la plante des pieds et massez-les pendant une minute environ. Enfilez des chaussettes en coton.

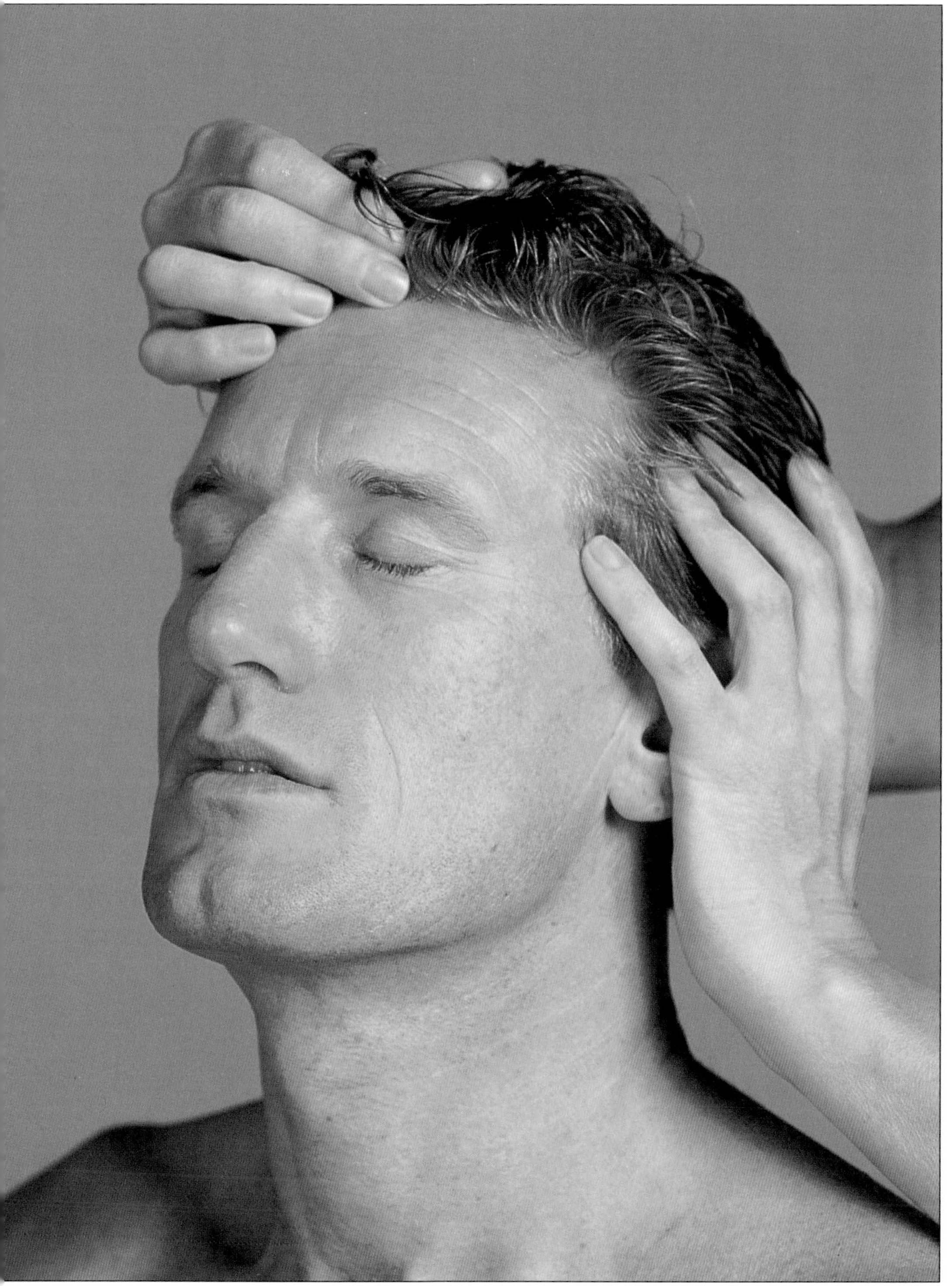

Etapes d'application de l'huile

- *Faites pénétrer l'huile au niveau des doigts, des pouces et des mains.*
- *Appliquez-la sur les bras jusqu'aux épaules et sous les aisselles.*
- *Passez-la sur les orteils, en particulier autour des ongles, puis travaillez le dessus des pieds en remontant le long des jambes.*

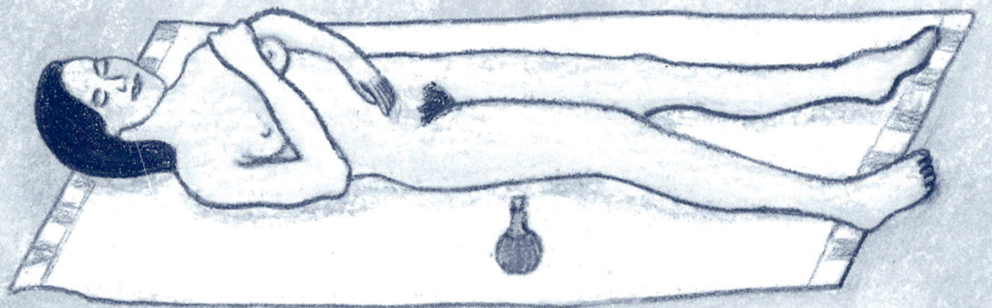

- *Une façon très agréable de vous huiler l'abdomen consiste à vous allonger sur le dos, les genoux pliés et les pieds à plat sur le sol. Mais vous pouvez le faire en étant assis ou debout. Posez une main à plat sur l'abdomen, l'autre main par-dessus. Avancez en direction du flux du côlon : remontez le long du côté droit jusqu'à la cage thoracique, traversez le milieu du corps, redescendez jusqu'à la hanche gauche et traversez jusqu'à votre hanche droite.*

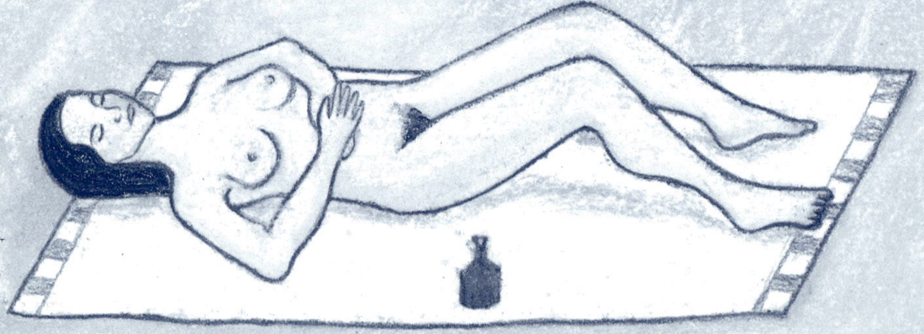

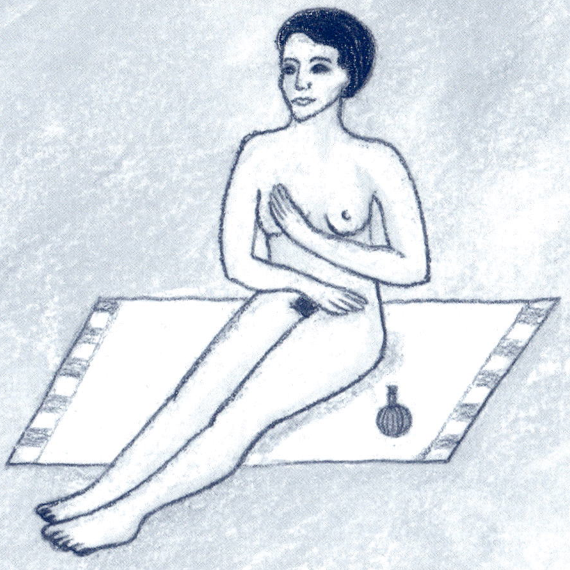

• *En commençant au niveau des hanches et en remontant jusqu'aux aisselles (en travaillant autour des seins), tracez des " traits " en alternance, d'une main, puis de l'autre, à partir de chaque côté jusqu'au milieu du corps.*

• *Travaillez le long des clavicules et autour des épaules.*
• *A l'aide de vos doigts, montez et descendez le long de la nuque, travaillez plus doucement sur le devant.*
• *Du bout des doigts, travaillez doucement, mais fermement sur le visage (en évitant les yeux). Huilez-vous aussi le cuir chevelu si vous le désirez.*
• *Ne huilez que les parties du dos que vous pouvez atteindre facilement.*
• *Douchez-vous ou prenez un bain une fois que vous aurez terminé.*

MASSAGE À L'HUILE AVEC UN AMI

Cela peut être très relaxant d'avoir quelqu'un qui vous applique l'huile. Il peut s'agir de votre partenaire ou d'un ami en qui vous avez confiance. Il n'est pas nécessaire de huiler tout le corps, juste le dos, ou la tête et les pieds, ou le visage.

Soyez assis ou couché dans une position confortable, qui dépendra de la partie du corps qui doit être huilée. En vous détendant, la température de votre corps baisse un peu naturellement, aussi est-il important que seule la partie massée soit découverte. Si vous frissonnez, cela vous empêchera de vous relaxer. Assurez que l'ami qui vous huile a les mains chaudes. Donnez-lui des indications sur la pression à laquelle il l'applique — si c'est trop léger ou trop fort, ou juste bien.

Préparatifs

Assurez-vous que votre ami est confortablement installé, pour lui éviter des problème de dos dus à une mauvaise position. Si vous vous allongez, utilisez une table de massage ou le sol. Evitez de prendre un lit, qui offre un appui insuffisant et dont la hauteur ne conviendra certainement pas à votre partenaire. N'oubliez pas que ses vêtements doivent être protégés de l'huile à l'aide d'une serviette en guise de tablier, ou sur les genoux s'il vous masse la main.

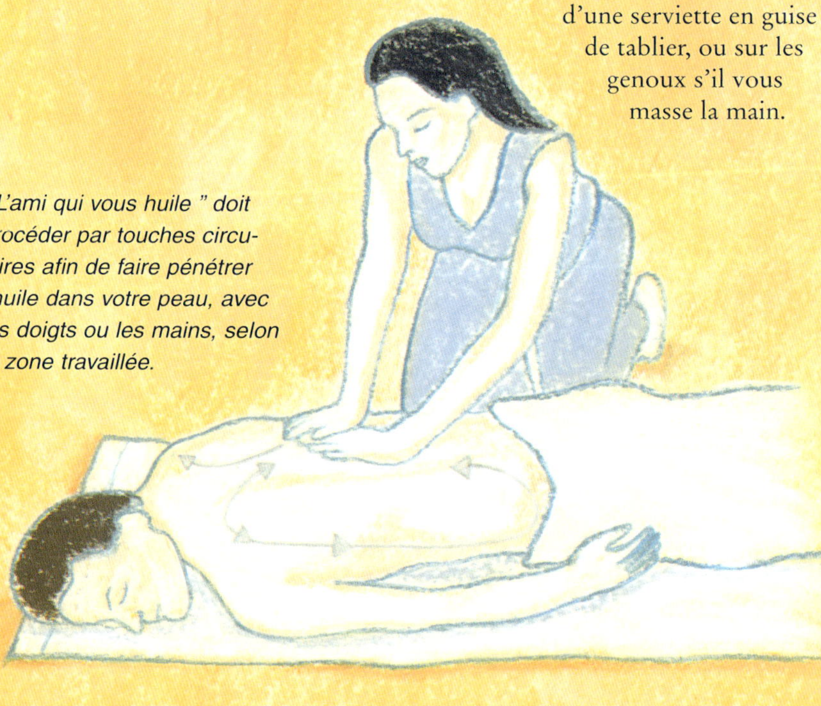

" L'ami qui vous huile " doit procéder par touches circulaires afin de faire pénétrer l'huile dans votre peau, avec les doigts ou les mains, selon la zone travaillée.

Pour l'âge vâta

L'huile est très bénéfique pour contrebalancer la sécheresse éprouvée à l'âge vâta (au-delà de 55 ans). De nombreuses personnes bien avancées dans l'âge vâta apprécieront d'avoir les mains doucement frottées d'huile. Une goutte d'huile essentielle de lavande pour 5 ml (une cuiller à thé) ajoutera à leur bien-être.

Le Sommeil et les Rêves

Le soir est le moment de kapha, qui apporte une lourdeur naturelle à votre esprit et votre corps. La principale condition pour une bonne nuit de sommeil est la digestion complète de toutes les expériences mentales et émotionnelles de la journée, et bien sûr de la nourriture.

Trop de sommeil augmente kapha. Les personnes kaphas et celles qui présentent un excès de kapha doivent éviter de dormir pendant le jour ou de faire la grasse matinée. Les vatas ont besoin de beaucoup de repos pour régénérer leur système nerveux et doivent éviter de veiller et de se déplacer la nuit. Les pittas dorment profondément et ont généralement besoin de moins de sommeil que les autres types doshiques ; ils se réveillent habituellement l'esprit alerte.

Les troubles du sommeil peuvent être liés aux doshas. Si l'on s'endort facilement et que l'on ait du mal à se réveiller, cela dénote un excès de kapha. Se réveiller vers minuit indique une augmentation de pitta. Avoir des difficultés à s'endormir, se réveiller fréquemment — particulièrement entre 2 et 4 heures du matin — révèle que votre vâta est trop élevé.

Si vous avez du mal à vous endormir, entraînez votre esprit et votre corps à accepter l'idée que le fait d'aller au lit signifie s'endormir. Fixez-vous une heure pour vous coucher, de préférence entre 10 et 11 heures du soir. Massez-vous la tête et les pieds à l'huile de sésame (voir p. 118). Buvez une tasse de lait (voir pp. 160-1). Si vous prenez du triphala le soir (voir pp. 128-9), il vous faut modifier votre routine : prenez le triphala au moins une heure et demie après le repas et le lait au moins une heure et demie après le triphala.

Une chambre agréable
Employez une literie fraîche en lin, une lumière tamisée et de la musique douce. Pas de télévision ni de lecture au lit, en dehors, peut-être, de citations inspirantes.

Les rêves

Pendant le sommeil, l'esprit se retire des sensations du monde extérieur. Il a l'occasion de finir de digérer les expériences de la journée et de compléter les désirs inassouvis. Si vous vous souvenez de vos rêves, vous pouvez retrouver des fragments de ce processus.

Les rêves peuvent être reliés aux doshas. Les rêves de vâta sont, soit actifs dans le mouvement, comme voler, poursuivre, sauter ou tomber d'une hauteur, soit effrayants. Les rêves de pitta peuvent être violents ou teintés de colère, ou inclure des instruments contondants ou des combats. Les rêves de kapha sont doux, mettant souvent en scène de l'eau calme, des lacs ou des océans.

Vos rêves ont tendance à vous relier à votre dosha prédominant (voir pp. 38-41). Un changement de type de rêve peut indiquer un déséquilibre doshique (voir p. 62). Par exemple, si vous vous mettez à faire des rêves avec des qualités vâta, cela peut indiquer une augmentation de votre dosha vâta.

Parfois, vous pouvez faire un rêve qui semble avoir une signification pour vous. Ayez confiance en votre interprétation. Posez-vous des questions sur les gens, les objets, les situations et les relations qui interviennent dans le rêve. Laissez-vous guider par votre sagesse intérieure au fur et à mesure de votre recherche et restez ouvert afin d'acquérir la pénétration qui vous sera utile.

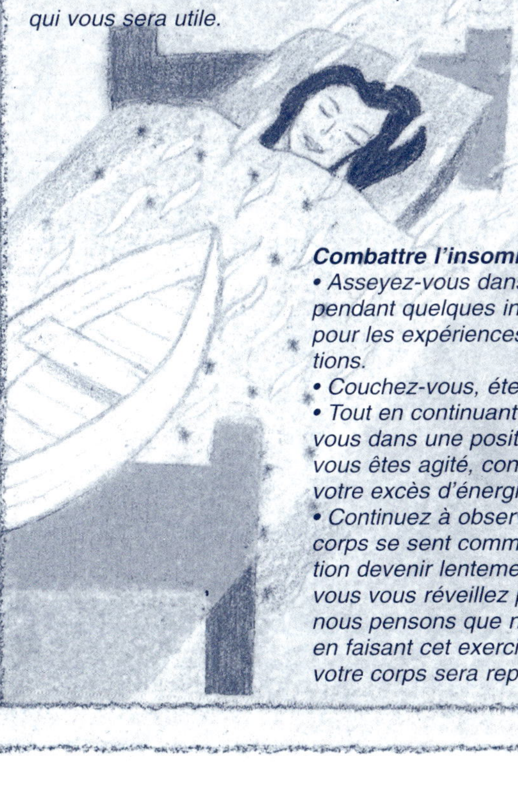

Combattre l'insomnie

- *Asseyez-vous dans votre lit et observez votre respiration pendant quelques instants, en ayant de la reconnaissance pour les expériences de cette journée, les joies et les tribulations.*
- *Couchez-vous, éteignez la lumière.*
- *Tout en continuant à observer votre respiration, installez-vous dans une position confortable pour vous endormir. Si vous êtes agité, contentez-vous de penser qu'il s'agit là de votre excès d'énergie vâta qui a la bougeotte.*
- *Continuez à observer votre respiration. Imaginez que votre corps se sent comme s'il était endormi. Laissez votre respiration devenir lentement plus profonde. Répétez cet exercice si vous vous réveillez pendant la nuit. Souvent, avec l'insomnie, nous pensons que nous serons fatigués le jour suivant, mais en faisant cet exercice, vous pouvez être sûr qu'au moins votre corps sera reposé.*

La Constipation

Le côlon est le siège de vâta (voir p. 46), et un organe essentiel pour le bien-être global du corps. Il fait partie des canaux de la nourriture et du prâna : avoir un côlon en mauvais état signifie que l'élimination et la digestion peuvent être affaiblies, entraînant une absorption de prâna réduite à partir de la nourriture. De plus, des toxines peuvent être assimilées dans le corps, et vâta peut augmenter, ce qui peut éventuellement entraîner un excès de vâta qui se répand dans d'autres parties du corps.

La constipation chronique a tendance à être reliée à une augmentation de vâta, mais peut être due à l'augmentation des autres doshas. L'excès de chaleur de pitta peut provoquer des selles sèches. Le mouvement vers le bas de l'énergie vâta, qui est responsable de la défécation, peut être bloqué par trop de mucus dans les intestins (augmentation de kapha) ou par une accumulation d'aliments non digérés, ou ama.

Une alimentation non appropriée comprenant de mauvaises combinaisons alimentaires est la cause principale de la constipation chronique et des gaz. Le manque de sommeil, l'anxiété et d'autres facteurs augmentant vâta (voir p. 65) peuvent également contribuer à la constipation et aux gaz. L'habitude de réprimer le besoin naturel d'éliminer les selles, ou l'usage excessif de laxatifs ou de lavements peut aussi être cause de constipation, car ils bouleversent l'intelligence naturelle qu'a le corps pour se réguler lui-même.

Chaque matin est la période vâta de la journée et le meilleur moment pour éliminer. Se lever vers 6 heures du matin pour effectuer les besoins naturels de défécation avec une élimination complète et satisfaisante aide à conserver un côlon en bon état.

La position accroupie

Tenez-vous debout, les pieds écartés d'une largeur de hanches et les orteils tournés vers l'extérieur. Pliez les genoux et descendez lentement le corps, aussi loin que vous pouvez le faire sans gêne. Montez et descendez ainsi jusqu'à ce que vous puissiez vous accroupir confortablement.
A la fin, vous serez capable d'entourer vos genoux de vos bras et de les étreindre. Cette position peut demander plusieurs semaines de pratique. Ne forcez pas cette position, et si elle devient inconfortable, relâchez-la.

Amener les genoux à la poitrine

1 Allongé sur le sol, pliez votre genou droit. Tenez votre jambe juste au-dessous du genou et tirez-la vers l'abdomen (ci-dessus). Relâchez la jambe et ramenez-la au sol. Répétez l'exercice avec l'autre jambe.

2 Allongé sur le sol, ramenez les deux genoux en même temps. Entourez vos jambes de vos bras, juste sous les genoux, et étreignez-les (ci-contre). Tirez-les vers l'abdomen. Maintenez quelques instants. Détendez-vous et ramenez les jambes au sol. Essayez de faire cet exercice deux fois par jour.

Quelques trucs pour vous aider à soulager une constipation chronique

• Vérifiez votre alimentation, notamment les combinaisons inadéquates et l'excès d'aliments vatagéniques (voir la colonne NON des tableaux d'aliments pp. 133-43). Cherchez les autres facteurs qui peuvent perturber vos doshas et pratiquez des changements en douceur dans votre mode de vie.
• Conditionnez votre côlon pour une élimination régulière. Au lever, allez aux toilettes, même si vous n'en avez pas envie. Asseyez-vous ou accroupissez-vous (voir ci-contre), tirez fermement sur vos sphincters, et détendez-vous. Répétez ce mouvement trois fois. Ne poussez pas ni ne forcez en essayant de déféquer.
• Buvez un verre d'eau chaude pour stimuler le réflexe gastro-intestinal.
• Prenez triphala avant d'aller vous coucher (voir pp. 128-9).
• Pratiquez l'exercice en position accroupie deux fois par jour (voir ci-contre) et si possible, utilisez cette position au lieu de vous asseoir au passage des selles, car elle favorise une complète élimination.
• Pratiquez l'exercice ci-dessus (les genoux à la poitrine) deux fois par jour.
• Massez-vous l'abdomen (voir p. 120), avec ou sans huile. Si vous ne pouvez pas intégrer cela dans votre routine quotidienne, faites l'exercice au lit avant de vous lever.
. Répondez aux besoins naturels de votre côlon quand ils se manifestent.

TRIPHALA

Attention : *Ne prenez pas triphala en cas de diarrhée ou de dysenterie, ni pendant la grossesse.*

Triphala est une composition ayurvédique de plantes faites de trois fruits ou herbes — amalaki (Embelica officinalis), bibhitaki (Terminalia belerica), et haritaki (Terminalia chebula). La combinaison de ces trois plantes en fait un régulateur des trois doshas. Triphala se présente généralement sous forme de poudre, mais de nombreuses personnes préfèrent les comprimés ou les gélules parce qu'elles n'en aiment pas le goût.

Triphala a un effet laxatif, mais ne crée pas de dépendance et ne perturbe pas la flore intestinale saine. Il régule et régénère le côlon. Il normalise la digestion et le métabolisme et aide à expulser les gaz des intestins. Il facilite la perte de poids en participant à l'élimination des toxines et de la graisse des cellules. C'est une source de vitamine C.

Triphala peut être pris quotidiennement comme tonique général et régulateur des intestins. Si vous en prenez pendant une longue période, faites une pause de deux à trois semaines au milieu de périodes d'environ dix semaines. Bien qu'il ne crée pas de dépendance, le corps va s'y habituer à long terme, le rendant moins efficace. Il vaut mieux prendre triphala le soir, au moins une heure et demie à deux heures après le repas, et environ une demi-heure avant d'aller se coucher. Dans tous les cas, ne mangez pas pendant une heure et demie après.

Il vous faudra trouver la quantité de triphala qui vous convient. Ne dépassez pas 5 ml (une cuiller à thé) par jour. Au début, commencez par une plus petite quantité, comme 1,25-2,25 ml (un quart ou une demi-cuillerée), en augmentant graduellement la quantité. En en prenant la première fois, il est possible que vous ressentiez une augmentation des gaz. Triphala ne crée pas ces gaz mais facilite l'expulsion des anciens gaz coincés dans les poches des intestins. Si vous avez des selles molles en commençant à prendre triphala, réduisez la quantité.

AMALAKI

Régulateur de l'énergie pitta

HARITAKI

Régulateur de l'énergie vâta

BIBHITAKI

Régulateur de l'énergie kapha

Préparation de triphala

Triphala peut être préparé de plusieurs façons. Essayez chacune d'elles pour trouver celle qui convient, à vous et à vos habitudes. L'effet le plus puissant sera obtenu en décoction, et le plus faible en trempant triphala et en laissant le résidu.

- *Faites tremper triphala dans une tasse d'eau à température ambiante pendant huit heures. Buvez l'eau en laissant le résidu.*
- *Mélangez-le à une tasse d'eau tiède et buvez l'eau et le résidu.*
- *Mettez-le dans une tasse que vous remplissez d'eau bouillante. Laissez " infuser " pendant 5 minutes avant de boire, avec ou sans le résidu.*
- *Laissez frémir dans une casserole avec environ une tasse et demie d'eau pendant 20 minutes — ou plus longtemps si vous le préférez plus fort. Filtrez et buvez.*

6

Aliments et Alimentation

मात्रावद्ध्यशनमशितमनुपहत्य प्रकृतिं
बलवर्णसुखायुषा योजयत्युपयोक्तारमवश्यमिति ॥

Prise en quantité adéquate, la nourriture aide sans aucun doute l'individu en apportant force, caractère, bonheur et longévité sans perturber l'équilibre des dhâtus (tissus) et des doshas du corps.
*(**Charaka Samhitâ**, chapitre 5:8)*

Depuis des milliers d'années, l'Ayurvéda enseigne que ce que nous mangeons est pour une grande part dans l'état de notre santé. Tout s'articule autour des cinq éléments (voir p. 22), qui sont une manifestation de la conscience. En mangeant, vous faites pénétrer en vous les influences subtiles attachées aux aliments et le prâna, en même temps que la forme physique de la nourriture. Même les étapes de production auxquelles l'aliment est soumis affectent ses qualités. La nourriture fait partie de la danse dynamique de la vie et ses qualités, à la fois manifestes et subtiles, affectent votre bien-être.

La connexion immédiate entre les qualités des aliments et leur impact sur votre santé n'est pas toujours évidente, en partie à cause de la complexité des régimes occidentaux et des effets que le processus digestif a sur la nourriture. La *Charaka Samhitâ* dénombre huit facteurs spécifiques dont vous devrez tenir compte pour déterminer le type d'alimentation qui vous convient. Considérez votre alimentation d'après ces facteurs, puisque chacun d'eux vous aidera, dans une certaine mesure, à déterminer si celle-ci vous est adaptée dans les circonstances ordinaires, ou vous indiquera où apporter des changements bénéfiques.

Les huit facteurs énumérés par la *Charaka Samhitâ* sont :
1. Les qualités naturelles des aliments
2. Comment les qualités naturelles des aliments peuvent être altérées
3. Les effets des combinaisons alimentaires
4. La quantité de nourriture absorbée
5. L'endroit et le climat où les aliments ont poussé, sont préparés et mangés.
6. L'effet des saisons et du moment de la journée
7. Conseils généraux sur les habitudes alimentaires
8. Différences individuelles du consommateur d'aliments

Tableaux des aliments

Avant d'examiner chacun de ces facteurs, vous trouverez dans les pages suivantes
une classification globale des aliments en fonction de leur tendance à augmenter ou
pacifier chaque dosha. Préparés par le Dr Vasant Lad, directeur de l'Institut Ayurvédique d'Albuquerque, Nouveau Mexique, ces tableaux prennent en compte les effets combinés des goût, des énergies et des effets post-digestifs des aliments (voir chapitre Trois) et de leurs qualités (voir p. 144). Les tableaux sont généraux et ont pour but d'aider tout le monde, aussi, laissez les circonstances particulières et vos tolérances personnelles vous guider. Rappelez-vous également que les différentes méthodes de préparation et de combinaison peuvent modifier les effets des aliments sur vos doshas.

Au premier regard que vous porterez sur ces tableaux, il est possible que vous trouviez vos aliments préférés dans la colonne qui augmente votre dosha prédominante (voir l'Evaluation de la Constitution pp. 38-41). C'est très compréhensible, car vous êtes attiré par les choses qui ont des qualités semblables aux vôtres, comme le suggère le principe “ le semblable attire le semblable ”.

Un bon moyen de vous familiariser avec la classification des aliments consiste à en copier la liste, à l'afficher bien en vue (par exemple sur la porte du réfrigérateur), et à vous y référer pendant que vous préparez les repas. Tout en cuisinant, reportez-vous à la liste pour vérifier la classification doshique des aliments que vous êtes en train d'utiliser. Si les repas sont préparés pour vous, revoyez quotidiennement ce que vous avez mangé d'après la liste.

Quand vous commencerez à utiliser les principes de l'Ayurvéda pour régler votre alimentation, ayez une copie de la liste sur vous en faisant les courses. Si vous vous y référez en choisissant les aliments, vous ne tarderez pas à développer de nouvelles habitudes en faisant vos achats et vous serez moins susceptible de rentrer chez vous avec des produits qui ne conviennent pas à vos besoins doshiques.

Evaluer votre régime alimentaire

Apprendre à classer vos aliments — et donc votre alimentation globale — selon qu'ils augmentent ou pacifient vâta, pitta ou kapha — vous donne le point de départ des changements à apporter. A cet effet, notez tout ce que vous mangez ou buvez pendant au moins une semaine. N'oubliez pas tous les petits casse-croûte et en-cas en dehors des repas, et l'heure à laquelle vous les avez mangés. Utilisez pour chaque jour des titres : petit déjeuner, déjeuner, dîner, et en-cas. Laissez de la place pour noter plus tard si ces aliments ont tendance à augmenter ou pacifier vâta, pitta ou kapha et prenez aussi des notes sur la manière dont vos combinaisons alimentaires affectent globalement votre dosha et votre digestion (voir chapitre Trois).

Vous pouvez trouver que ce rappel de votre régime est un exercice ingrat. Non seulement vous devez penser à le mettre par écrit, mais si vous faites souvent des pauses casse-croûte ou mangez des aliments considérés comme “ mauvais ”, en voyant cela écrit sur le papier, vous risquez de vous sentir coupable. Si ces notes vous posent un problème, considérez qu'il s'agit là d'un exercice d'observation et acceptez vous tel que vous êtes. Soyez bon et doux envers vous-même. La culpabilité ou la honte peuvent vous donner envie de manger encore plus, entraînant davantage de sentiment de culpabilité et de récrimination contre vous-même. Si vous savez ce que vous mangez, vous vous trouvez dans une meilleure position pour effectuer des modifications permanentes, si c'est votre choix.

Avec les qualités des doshas (voir ch. Deux) et les tableaux alimentaires pour vous guider, analysez vos notes afin de voir si les aliments qui augmentent un dosha sont prédominants dans votre alimentation. Utilisez une couleur différente pour chaque dosha et marquez les aliments de chaque repas en fonction du dosha qu'ils augmentent.

Tableaux alimentaires

Les pages suivantes proposent des listes d'aliments qui influencent vâta, pitta et kapha. Chaque dosha comporte deux listes :

NON *signifie que les aliments aggravent/augmentent le dosha. Evitez de les consommer si vous suivez un régime qui pacifie le dosha.*

OUI *signifie que les aliments pacifient/diminuent le dosha. Sélectionnez les aliments de cette colonne si vous suivez un régime qui pacifie le dosha.*

TABLEAUX DES ALIMENTS

L'Institut Ayurvédique
Guide alimentaire pour types constitutionnels de base
NOTE : Le guide indiqué ici est général. Des adaptations spécifiques aux besoins individuels peuvent être nécessaires, par exemple les allergies alimentaires, la force d'agni, la saison de l'année, et le degré de prédominance ou d'aggravation de la dosha.
**** OUI avec modération*** ***** OUI occasionnellement***

VATA		PITTA		KAPHA	
NON	OUI	NON	OUI	NON	OUI
FRUITS					
La plupart des fruits secs	La plupart des fruits doux	La plupart des fruits acides	La plupart des fruits doux	La plupart des fruits doux et acides	La plupart des fruits astringents
Pommes (crues)	*Pommes (cuites)*	*Pommes (acides)*	*Pommes (douces)*	*Avocats*	*Pommes*
Dattes (sèches)	*Compote de pommes*	*Abricots (acides)*	*Compote de pommes*	*Bananes*	*Compote de pommes*
Figues (sèches)	*Abricots*	*Bananes*	*Abricots (doux)*	*Noix de coco*	*Abricots*
Poires	*Avocats*	*Baies (acides)*	*Avocats*	*Dattes*	*Baies*
Kakis	*Bananes*	*Cerises (aigres)*	*Baies (douces)*	*Figues (fraîches)*	*Cerises*
Grenades	*Baies*	*Pamplemousses*	*Cerises (douces)*	*Pamplemousses*	*Figues (sèches)**
Raisins (secs)	*Cerises*	*Raisins (verts)*	*Noix de coco*	*Raisins**	*Pêches*
Prunes (sèches)	*Nois de coco*	*Kiwis***	*Dattes*	*Kiwis*	*Poires*
Pastèque	*Dattes (fraîches)*	*Citrons*	*Figues*	*Citrons**	*Kakis*
	Figues (fraîches)	*Mangues (vertes)*	*Raisins (noirs)*	*Citrons verts**	*Grenades*
	Pamplemousses	*Oranges (acides)*	*Citrons verts**	*Mangues***	*Prunes*
	Raisins	*Papayes**	*Mangues (mûres)*	*Melons*	*Raisins*
	Kiwis	*Pêches*	*Melons*	*Oranges*	*Fraises**
	Citrons	*Kakis*	*Oranges (douces)*	*Papayes*	
	Citrons verts	*Ananas (acide)*	*Poires*	*Ananas*	
	Mangues	*Prunes (aigres)*	*Ananas (doux)*	*Pruneaux*	
	Melons	*Rhubarbe*	*Prunes (douces)*	*Rhubarbe*	
	Oranges	*Fraises*	*Pamplemousses*	*Tamarin*	
	Papayes	*Tamarin*	*Pruneaux*	*Pastèques*	
	Pêches		*Raisins*		
	Ananas		*Pastèques*		
	Prunes				
	Pruneaux (trempés)				
	Raisins (trempés)				
	Rhubarbe				
	Fraises				
	Tamarin				

VATA		PITTA		KAPHA	
NON	OUI	NON	OUI	NON	OUI
		LAITAGES			
*Fromage (dur)** *Lait de vache (en poudre)* *Yaourt (entier, glacé ou avec des fruits)*	La plupart des laitages sont bons ! *Beurre* *Babeurre* *Fromage (doux)* *Fromage blanc* *Lait de vache* *Ghee* *Fromage de chèvre* *Crème glacée** *Yaourt (dilué et épicé)**	*Beurre (salé)* *Babeurre* *Fromage (dur)* *Crème aigre* *Yaourt (entier, glacé ou avec des fruits)*	*Beurre (non salé)* *Fromage (doux, pas vieux, non salé)* *Fromage blanc* *Lait de vache* *Ghee* *Lait de chèvre* *Fromage de chèvre (doux, non salé)* *Crème glacée* *Yaourt (fraîchement préparé et dilué)*	*Beurre (salé)* *Babeurre** *Fromage (doux et dur)* *Lait de vache* *Crème glacée* *Crème aigre*	*Beurre (non salé)*** *Fromage blanc (avec du lait de chèvre écrémé)* *Ghee** *Fromage de chèvre (non salé et pas vieux)** *Lait de chèvre (écrémé uniquement)* *Yaourt (dilué)*
		LEGUMES			
La plupart des légumes surgelés, crus ou séchés *Artichauts* *Feuilles de betteraves*** *Broccolis* *Choux de Bruxelles* *Racine de bardane* *Chou (cru)* *Chou-fleur (cru)* *Céleri* *Maïs (frais)*** *Feuilles de pissenlit* *Aubergine* *Topinambour* *Chou frisé* *Légumes verts** *Laitue** *Champignons* *Olives vertes* *Oignons (crus)* *Persil** *Pois(crus)* *Poivrons, doux et piquants*	En général, les légumes doivent être cuits *Asperges* *Betteraves* *Chou** *Carottes* *Coriandre* *Chou-fleur** *Concombre* *Fenouil (anisé)* *Ail* *Haricots verts* *Piments verts* *Poireaux* *Feuilles de moutarde** *Okras* *Olives noires* *Oignons (cuits)* *Panais* *Pois (cuits)* *Patates douces* *Potiron* *Radis (cuits)**	En général, les légumes piquants *Feuilles de betteraves* *Betteraves (crues)* *Racine de bardane* *Carottes (crues)** *Maïs (frais)*** *Radis daikon** *Aubergines* *Ail* *Piments verts* *Raifort* *Poireaux (crus)* *Feuilles de moutarde* *Olives vertes* *Oignons (crus)* *Poivrons (piquants)* *Figue de Barbarie (fruit)* *Radis (crus)* *Epinards (crus)* *Tomates* *Feuilles de navet*	En général, le légumes doux et amers *Artichauts* *Asperges* *Betteraves (cuites)* *Broccolis* *Choux de Bruxelles* *Chou* *Carottes (cuites)* *Chou-fleur* *Céleri* *Concombre* *Feuilles de pissenlit* *Fenouil (anisé)* *Haricots verts* *Topinambour* *Chou frisé* *Légumes verts* *Poireaux (cuits)* *Laitue* *Champignons* *Okras* *Olives noires* *Oignons (cuits)*	En général, les légume doux et juteux *Concombres* *Olives, noires et vertes* *Panais*** *Patates douces* *Potiron* *Courge* *Spaghetti* *Tomates (crues)* *Courgettes* *Taro root*	En général, la plupart des légumes piquants et amers *Artichauts* *Asperges* *Feuilles de betteraves* *Betteraves* *Broccolis* *Choux de Bruxelles* *Racine de bardane* *Chou* *Carottes* *Chou-fleur* *Céleri* *Maïs* *Radis daikon* *Feuilles de pissenlit* *Aubergine* *Fenouil (anisé)* *Ail* *Haricots verts* *Piments verts* *Raifort* *Topinambour*

LEGUMES (Suite)

VATA NON	VATA OUI	PITTA NON	PITTA OUI	KAPHA NON	KAPHA OUI
Pommes de terre blanches	*Rutabaga*		*Persil*		*Chou frisé*
Figue de Barbarie (fruit et feuilles)	*Epinards (cuits)*		*Panais*		*Légumes verts*
Radis (crus)	*Courge d'été et d'hiver*		*Pois*		*Poireaux*
*Courge spaghetti**	*Tomates (cuites)***		*Poivrons doux*		*Laitue*
Epinards (crus)	*Cresson*		*Patates douces et pommes de terre blanches*		*Champignons*
Tomates (crues)	*Courgettes*		*Figue de Barbarie (feuilles)*		*Feuilles de moutarde*
Feuilles de navet			*Potiron*		*Okras*
Navets			*Radis (cuits)*		*Oignons*
Germes de blé			*Rutabaga*		*Persil*
Germes de soja			*Courge spaghetti*		*Pois*
			*Epinards (cuits)***		*Poivrons, doux et piquants*
			Courge d'hiver et d'été		*Pommes de terre blanches*
			*Cresson**		*Figue de Barbarie (fruit et feuilles)*
			Courgettes		*Radis*
			Germes de soja (non épicés)		*Rutabaga*
			Germes de blé		*Epinards*
					Courge d'été
					Tomates (cuites)
					Feuilles de navet
					Navets
					Cresson
					Germes de blé
					Germes de soja

SUCRERIES

VATA NON	VATA OUI	PITTA NON	PITTA OUI	KAPHA NON	KAPHA OUI
Sucre blanc	*Malt d'orge*	*Miel**	*Malt d'orge*	*Malt d'orge*	*Jus de fruits concentrés*
	Fructose	*Sucreries orientales*	*Fructose*	*Fructose*	*Miel (cru et non traité)*
	Jus de fruits concentrés	*Mélasse*	*Jus de fruits concentrés*	*Sucreries orientales*	
	Miel		*Sirop d'érable*	*Sirop d'érable*	
	Sucreries orientales		*Sirop de riz*	*Sirop de riz*	
	*Sirop d'érable***		*Sucre de canne*	*Sucre de canne*	
			*Sucre blanc***	*Sucre blanc*	
			Sucre roux naturel		

LEGUMINEUSES

VATA		PITTA		KAPHA	
NON	OUI	NON	OUI	NON	OUI
Haricots azuki	Lentilles (corail)	Miso	Haricots azuki	Haricots rouges	Haricots azuki
Haricots noirs	Miso	Sauce de soja	Haricots noirs	Mung beans*	Haricots noirs
Haricots cornilles	Mung beans (soja vert)	Saucisses de soja	Haricots cornilles	Mung dal (lentilles jaunes)	Haricots cornilles
Pois chiches	Mung dal	Tor dal (pois cassés jaunes)	Pois chiches	Haricots de soja	Pois chiches
Haricots rouges	Fromage de soja*	Urad dal	Haricots rouges	Fromage de soja	Lentilles (corail et brunes)
Lentiles (brunes)	Lait de soja*		Lentilles (brunes et corail)	Farine de soja	Haricots de Lima
Haricots de Lima	Sauce de soja*		Haricots de Lima	Poudre de soja	Miso
Pois (secs)	Saucisses de soja*		Mung beans	Tofou (froid)	Pois (secs)
Haricots pinto	Tor dal		Mung dal	Urad dal	Haricots pinto
Haricots de soja	Urad dal		Pois (secs)		Lait de soja
Farine de soja			Haricots pinto		Saucisses de soja
Poudre de soja			Haricots de soja		Pois cassés
Pois cassés			Fromage de soja		Tempeh
Tempeh			Farine de soja*		Tofou (chaud)*
Tofou*			Lait de soja		Tor dal
Haricots blancs			Poudre de soja*		Haricots blancs
			Pois cassés		
			Tempeh		
			Tofou		
			Haricots blancs		

PRODUITS ANIMAUX

VATA		PITTA		KAPHA	
NON	OUI	NON	OUI	NON	OUI
Blanc de poulet*	Bœuf	Bœuf	Bison	Bœuf	Blanc de poulet*
Agneau	Bison	Poulet (pilons, etc.)	Blanc de poulet	Buffle	Œufs
Porc	Poulet (pilons, etc.)	Canard	Oeufs (seulement le blanc)	Poulet (pilons, etc.)	Poisson (d'eau douce)
Lapin	Œufs	Œufs (jaune)	Poisson (d'eau douce)	Canard	Lapin
Gibier	Poisson (d'eau douce ou de mer)	Poisson (de mer)	Lapin	Poisson (de mer)	Crevettes
Dinde (blanche)	Saumon	Agneau	Crevettes*	Agneau	Dinde (blanche)
	Sardines	Porc	Dinde (blanche)	Porc	Gibier
	Fruits de mer	Saumon	Gibier	Saumon	
	Crevettes	Sardines		Sardines	
	Thon	Fruits de mer		Fruits de mer	
	Dinde (noire)	Thon		Thon	
		Dinde (noire)		Dinde (noire)	

CONDIMENTS

VATA		PITTA		KAPHA	
NON	OUI	NON	OUI	NON	OUI
*Piments**	*Poivre noir**	*Chocolat*	*Poivre noir**	*Chocolat*	*Poivre noir*
Chocolat	*Chutney de mangue (doux ou épicé)*	*Chutney de mangue (épicé)*	*Chutney de mangue (doux)*	*Chutney de mangue (doux)*	*Piments*
Raifort	*Feuilles de coriandre**	*Algue Dulse*	*Feuilles de coriandre*	*Gomasio*	*Chutney de mangue (épicé)*
Germes de soja	*Gomasio*	*Gomasio*	*Algues hijiki**	*Algues hijiki**	*Feuilles de coriandre*
	Algues hijiki	*Raifort*	*Algues kombu**	*Kelp*	*Raifort*
	Kelp	*Kelp*	*Citron vert**	*Ketchup***	*Moutarde (sans vinaigre)*
	Ketchup	*Ketchup*	*Germes de soja*	*Citron**	*Echalotes*
	Algues kombu	*Moutarde*		*Citron vert*	*Sprouts*
	Citron	*Citron*		*Pickles de citron vert*	
	Citron vert	*Pickles de citron vert*		*Pickles de mangue*	
	Pickles de citron vert	*Pickles de mangue*		*Mayonnaise*	
	Pickles de mangue	*Mayonnaise*		*Pickles*	
	Mayonnaise	*Pickles*		*Sel*	
	Moutarde	*Sel (en excès)*		*Algues**	
	Pickles	*Echalotes*		*Sauce de soja*	
	Sel	*Algues*		*Tamari*	
	Echalotes	*Sauce de soja*		*Vinaigre*	
	Algues	*Tamari**			
	Sauce de soja	*Vinaigre*			
	Tamari				
	Vinaigre				
	Piments				

FRUITS SECS

VATA		PITTA		KAPHA	
NON	OUI	NON	OUI	NON	OUI
Aucune	*Avec modération :*	*Amandes (avec peau)*	*Amandes (trempées et pelées)*	*Amandes (trempées et pelées)***	*Charole*
	Amandes	*Noix noires*	*Noix de coco*	*Noix noires*	
	Noix noires	*Noix du Brésil*		*Noix du Brésil*	
	Noix du Brésil	*Noix de cajou*		*Noix de cajou*	
	Noix de cajou	*Avelines*		*Noix de coco*	
	Avelines	*Noisettes*		*Avelines*	
	Noisettes	*Noix de macadame*		*Noisettes*	
	Noix de macadame	*Cacahuètes*		*Noix de macadame*	
	*Cacahuètes***	*Noix de pécan*		*Cacahuètes*	
	Noix de pécan	*Pignons de pin*		*Noix de pécan*	
	Pignons de pin	*Pistaches*		*Pignons de pin*	
	Pistaches	*Noix*		*Pistaches*	
	Noix			*Noix*	

BOISSONS

VATA — NON

- *Jus de pomme*
- *Thé noir*
- *Boissons caféinées*
- *Boissons gazeuses*
- *Jus de caroube*
- *Lait chocolaté*
- *Café*
- *Boissons froides à base de lait*
- *Thé glacé*
- *Boissons glacées*
- *Jus de légumes*
- *Jus de poire*
- *Grenadine*
- *Jus de pruneaux***
- *Lait de soja (froid)*
- *Jus de tomate*
- *Bouillon de légumes*

Infusions de plantes :

- *Alfalfa***
- *Orge***
- *Mûre*
- *Bourrache***
- *Bardane*
- *Chicorée**
- *Chrysanthème**
- *Barbe de maïs*
- *Pissenlit*
- *Ginseng*
- *Hibiscus*
- *Houblon***
- *Hysope***
- *Jasmin***
- *Mélisse***
- *Ephèdre*
- *Ortie***
- *Fleur de la passion***
- *Trifolium pratens*
- *Sauge*
- *Fraise**
- *Violette***
- *Wintergreen**

VATA — OUI

- *Alcool (bière ou vin)**
- *Lait d'amande*
- *Jus d'aloès*
- *Cidre*
- *Jus d'abricots*
- *Jus de baies*
- *Jus de carottes*
- *Tchai (chaud, épicé, avec du lait)*
- *Jus de cerises*
- *" Café " de céréales*
- *Jus de raisin*
- *Jus de pamplemousse*
- *Citronnade*
- *Jus de mangue*
- *Bouillon de miso*
- *Jus d'orange*
- *Jus de papaye*
- *Nectar de pêche*
- *Jus d'ananas*
- *Lait au riz*
- *Jus acides*
- *Lait de soja (chaud et bien épicé)*

Infusions de plantes :

- *Ajwan*
- *Bancha*
- *Basilic***
- *Camomille*
- *Cannelle***
- *Clous de girofle*
- *Gratte-cul*
- *Sambucus*
- *Eucalyptus*
- *Fenouil*
- *Fénugrec*
- *Gingembre (frais)*
- *Aubépine*
- *Baies de genièvre*
- *Kukicha**
- *Lavande*
- *Cymbopogon citratus*
- *Réglisse*

PITTA — NON

- *Alcool (spiritueux ou vin)*
- *Cidre*
- *Jus de baies (acides)*
- *Boissons caféinées*
- *Boissons gazeuses*
- *Jus de carottes*
- *Jus de cerises (aigre)*
- *Lait chocolaté*
- *Café*
- *Jus de pamplemousse*
- *Thé glacé*
- *Boissons glacées*
- *Citronnade*
- *Jus d'orange**
- *Bouillon de miso**
- *Jus de papaye*
- *Jus d'ananas*
- *Jus de tomate*
- *Jus acides*

Infusions de plantes :

- *Basilic***
- *Ajwan*
- *Cannelle***
- *Clous de girofle*
- *Eucalyptus*
- *Fénugrec*
- *Gingembre (sec)*
- *Ginseng*
- *Aubépine*
- *Hysope*
- *Baies de genièvre*
- *Ephèdre*
- *Menthe pouillot*
- *Gratte-cul***
- *Sauge*
- *Sassafras*
- *Maté*

PITTA — OUI

- *Alcool, bière**
- *Lait d'amande*
- *Jus d'aloès*
- *Jus de pommes*
- *Jus d'abricots*
- *Jus de baies (douces)*
- *Thé noir*
- *Jus de caroube*
- *Tchai (chaud, épicé, avec du lait)**
- *Jus de cerises (douces)*
- *Boissons froides à base de lait*
- *" Café " de céréales*
- *Jus de raisin*
- *Jus de mangue*
- *Jus de légumes*
- *Nectar de pêche*
- *Jus de poire*
- *Grenadine*
- *Jus de pruneaux*
- *Lait au riz*
- *Lait de soja*
- *Bouillon de légumes*

Infusions de plantes :

- *Alfalfa*
- *Bancha*
- *Avoine*
- *Mûre*
- *Bourrache*
- *Bardane*
- *Camomille*
- *Chicorée*
- *Chrysanthème*
- *Symphytum officinale*
- *Barbe de maïs*
- *Pissenlit*
- *Sambucus*
- *Fenouil*
- *Gingembre (frais)*
- *Hibiscus*
- *Houblon*
- *Jasmin*

KAPHA — NON

- *Alcool (bière, spiritueux, vin doux)*
- *Lait d'amande*
- *Boissons caféinées***
- *Boissons gazeuses*
- *" Tchai " (thé chaud, épicé, avec du lait)*
- *Jus de cerises (acides)*
- *Lait chocolaté*
- *Café*
- *Boissons froides à base de lait*
- *Jus de pamplemousse*
- *Thé glacé*
- *Boissons glacées*
- *Citronnade*
- *Bouillon de miso**
- *Jus d'orange*
- *Jus de papaye*
- *Jus d'ananas**
- *Lait au riz*
- *Jus acides*
- *Lait de soja (froid)*
- *Jus de tomate*

Infusions de plantes :

- *Symphytum officinale*
- *Guimauve*
- *Gratte-cul***

KAPHA — OUI

- *Alcool (vermouth, rouge ou blanc)*
- *Jus d'aloès*
- *Cidre*
- *Jus de pommes**
- *Jus d'abricots*
- *Jus de baies*
- *Thé noir (épicé)*
- *Jus de caroube*
- *Jus de carottes*
- *Jus de cerises (douces)*
- *" Café " de céréales*
- *Jus de raisin*
- *Jus de mangue*
- *Jus de légumes*
- *Nectar de pêche*
- *Jus de poire*
- *Grenadine*
- *Jus de pruneaux*
- *Lait de soja (chaud et bien épicé)*
- *Bouillon de légumes*

Infusions de plantes :

- *Alfalfa*
- *Ajwan*
- *Avoine*
- *Basilic*
- *Mûre*
- *Bourrache*
- *Bardane*
- *Camomille*
- *Chicorée*
- *Chrysanthème*
- *Cannelle*
- *Clous de girofle*
- *Barbe de maïs*
- *Pissenlit*
- *Sambucus*
- *Eucalyptus*
- *Fenouil**
- *Fénugrec*
- *Gingembre*
- *Ginseng**

Tous les aliments que vous mangez ont des qualités qui influencent vos doshas.

VATA		PITTA		KAPHA	
NON	OUI	NON	OUI	NON	OUI
BOISSONS (Suite)					
Achillée mille feuille *Maté***	*Guimauve* *Avena sativa* *Ecorces d'orange* *Menthe pouillot* *Menthe poivrée* *Framboisier** *Gratte-cul* *Safran* *Salsepareille* *Sassafras* *Mentha spicata*		*Kukicha* *Lavande* *Mélisse* *Cympobogon citratus* *Réglisse* *Guimauve* *Ortie* *Avena sativa* *Ecorces d'orange** *Fleurs de la passion* *Menthe poivrée* *Framboisier* *Trifolium pratense* *Safran* *Salsepareille* *Mentha spicata* *Fraisier* *Violette* *Wintergreen* *Achillée mille-feuille*		*Hibiscus* *Houblon* *Hysope* *Jasmin* *Baies de genièvre* *Kukicha* *Lavande* *Mélisse* *Cympobogon citratus* *Réglisse** *Ephèdre* *Ortie* *Avena sativa* *Ecorces d'orange* *Fleurs de la passion* *Menthe pouillot* *Menthe poivrée* *Framboisier* *Trifolium pratense* *Safran* *Sauge* *Salsepareille** *Sassafras* *Mentha spicata* *Fraisier* *Violette* *Wintergreen* *Achillée mille feuille* *Maté*
GRAINES					
Popcorn	*Sauge* *Lin* *Halva* *Psyllium*** *Potiron* *Sésame* *Tournesol* *Tahin*	*Sauge* *Sésame* *Tahin*	*Lin* *Halva* *Popcorn (pas de sel, au beurre)* *Psyllium* *Potiron** *Tournesol*	*Halva* *Sésame* *Tahin*	*Sauge* *Lin** *Popcorn (pas de sel, pas de beurre)* *Psyllium*** *Potiron** *Tournesol**

VATA		PITTA		KAPHA	
NON	OUI	NON	OUI	NON	OUI
EPICES					
Carvi	Toutes les épices sont bonnes !	*Ajwan*	*Basilic (frais)*	*Sel*	Toutes les épices sont bonnes !
	Ajwan	*Quatre épices*	*Poivre noir**		*Ajwan*
	Quatre épices	*Extrait d'amande*	*Cardamome**		*Quatre épices*
	Extrait d'amande	*Anis*	*Cannelle*		*Extrait d'amande*
	Anis	*Asafoetida*	*Coriandre*		*Anis*
	Asafoetida	*Basilic (séché)*	*Cumin*		*Asafoetida*
	Basilic	*Laurier*	*Aneth*		*Basilic*
	Laurier	*Carvi**	*Fenouil*		*Laurier*
	Poivre noir	*Cayenne*	*Gingembre (frais)*		*Poivre noir*
	Cardamome	*Clou de girofle*	*Menthe*		*Carvi*
	*Piment de Cayenne**	*Fénugrec*	*Feuilles de bétel*		*Cardamome*
	Cannelle	*Ail*	*Ecorces d'orange**		*Piment de Cayenne*
	Clou de girofle	*Gingembre (séché)*	*Persil**		*Cannelle*
	Coriandre	*Myrrhe*	*Menthe poivrée*		*Clou de girofle*
	Cumin	*Marjolaine*	*Safran*		*Coriandre*
	Aneth	*Graines de moutarde*	*Mentha spicata*		*Cumin*
	Fenouil	*Muscade*	*Curcuma*		*Aneth*
	*Fénugrec**	*Origan*	*Vanille**		*Fenouil**
	Ail	*Paprika*	*Wintergreen*		*Fénugrec*
	Gingembre	*Poivre long*			*Ail*
	Macé	*Graines de pavot*			*Gingembre*
	Marjolaine	*Romarin*			*Myrrhe*
	Menthe	*Sauge*			*Marjolaine*
	Graines de moutarde	*Sel*			*Menthe*
	Feuilles de bétel	*Sariette*			*Graines de moutarde*
	Noix de muscade	*Anis étoilé*			*Feuilles de bétel*
	Ecorces d'orange	*Estragon**			*Noix de muscade*
	Origan	*Thym*			*Ecorces d'orange*
	Paprika				*Origan*
	Persil				*Paprika*
	Menthe poivrée				*Persil*
	Poivre long				*Menthe poivrée*
	Graines de pavot				*Pippali*
	Romarin				*Graines de pavot*
	Safran				*Romarin*
	Sauge				*Safran*
	Sel				*Sauge*
	Sariette				*Sariette*
	Mentha spicata				*Mentha spicata*
	Anis étoilé				*Anis étoilé*
	Estragon				*Estragon*
	Thym				*Thym*
	Curcuma				*Curcuma*
	Vanille				*Vanille*
	Wintergreen				*Wintergreen*

VATA		PITTA		KAPHA	
NON	OUI	NON	OUI	NON	OUI
CEREALES					
Orge Pain (au levain) Sarrasin Céréales (froides, complètes ou soufflées) Maïs Couscous Crackers Granola Millet Muesli Son d'avoine Flocons d'avoine Pâtes** Polenta** Gâteaux de riz** Seigle Sagou Epeautre Tapioca Son de blé	Amaranthe* Farine de Durham Flocons d'avoine (cuits) Crêpes Quinoa Riz (toutes les sortes) Seitan (viande de blé) Germes de blé Blé	Pain (au levain) Sarrasin Maïs Millet Muesli** Flocons d'avoine (complets) Polenta** Quinoa Riz (brun)** Seigle	Amaranthe Orge Céréales complètes Couscous Crackers Farine de Durham Granola Son d'avoine Flocons d'avoine (cuits) Crêpes Pâtes Riz (basmati, blanc, sauvage) Gâteaux de riz Sagou Seitan (viande de blé) Epeautre Germes de blé Tapioca Blé Son de blé	Pain (au levain) Flocons d'avoine (cuits) Crêpes Pâtes** Quinoa* Riz (brun, blanc) Gâteaux de riz** Epeautre* Blé	Amaranthe* Orge Sarrasin Céréales (froides, complètes ou soufflées) Maïs Couscous Crackers Farine de Durham* Granola Millet Muesli Son d'avoine Flocons d'avoine (complets) Polenta Riz (basmati, sauvage)* Seigle Sagou Seitan (viande de blé) Germes de blé Tapioca Son de blé
HUILES					
Graines de lin	Pour usage interne et externe (surtout celles en tête de liste): Sésame Ghee Olive La plupart des autres huiles **Usage externe uniquement :** Noix de coco Avocat	Amande Abricot Maïs Carthame Sésame	Pour usage interne et externe (surtout celles en tête de liste): Tournesol Ghee Canola Olive Soja Graines de lin Primevère Noix **Usage externe uniquement :** Avocat Noix de coco	Avocat Abricot Noix de coco Olive Primevère Carthame Sésame Soja Noix	Pour usage interne et externe en petites quantités (surtout celles en tête de liste): Maïs Canola Tournesol Ghee Amande Graines de lin**

VATA		PITTA		KAPHA	
NON	OUI	NON	OUI	NON	OUI
COMPLEMENTS ALIMENTAIRES					
Orge en herbe *Levure de bière*	*Jus d'aloès** *Pollen d'abeille* *Acides aminés* **Minéraux :** *Calcium* *Cuivre* *Fer* *Magnésium* *Zinc*	*Gelée royale* *Spiruline et algues* *Vitamines A, B, B12, C, D, E*	*Acides aminés* *Pollen d'abeille*** *Gelée royale*** *Vitamines A, B, B12, C* **Minéraux :** *Cuivre* *Fer*	*Jus d'aloès* *Orge en herbe* *Levure de bière* *Spiruline et algues* *Vitamines D, E* **Minéraux :** *Calcium* *Magnésium* *Zinc*	*Jus d'aloès* *Acides aminés* *Orge en herbe* *Pollen d'abeille* *Gelée royale* *Vitamines A, B, B12, C* **Minéraux :** *Cuivre* *Fer* *Potassium*

Avertissement :

Vous n'avez ici que des indications, qui ne sont en aucun cas destinées à se substituer à l'avis d'un médecin qualifié ou d'un nutritionniste. L'Ayurvéda recommande toujours une approche lente et régulière pour changer de régime. N'essayez pas de tout faire d'un seul coup !

Après avoir découvert le régime qui vous convient (voir pp. 154-5), n'oubliez pas d'écouter de près votre corps en essayant différents aliments. Si par exemple vous avez des gaz, ou des brûlures d'estomac, ce n'est peut-être pas un aliment pour vous. Chacun est unique, et même si l'aliment figure sur votre liste, il n'est peut-être pas en accord avec vous. Aussi, soyez bon et aimant envers vous-même. Peu à peu, à l'aide de cette liste et de votre propre écoute, vous aboutirez à une façon de vous nourrir qui apportera un grand équilibre et la santé dans votre vie. L'Ayurvéda dit aussi que ce n'est pas ce que vous mangez occasionnellement qui crée un sérieux déséquilibre, mais ce que vous consommez sur une base quotidienne.

Les Qualités Naturelles des Aliments

Tous les aliments ont des qualités manifestes et subtiles qui agissent sur votre corps physique et influencent vos doshas; trois paires opposées de qualités naturelles (voir p. 32) qui sont très utiles quand on considère tout d'abord les effets de ces qualités : léger-lourd ; liquide/huileux-desséchant ; échauffant/chaud-rafraîchissant/froid (cette dernière se réfère à la fois à la température et aux énergies — voir pp. 52-3).

Sélectionnez les aliments qui ont les qualités naturelles pour donner les résultats que vous désirez. Par exemple, si votre corps est sec (les signes sont une peau sèche ou des selles dures et sèches), évitez des aliments et des saveurs desséchants (voir pp. 54-5). Vous pouvez changer les qualités des aliments — par exemple, en cuisant les légumes à la vapeur plutôt qu'en les mangeant crus, ou en ajoutant un assaisonnement à l'huile. Si vous avez trop de chaleur dans le corps (l'urticaire pourrait en être un symptôme), diminuez les aliments “ chauds ”, c'est-à-dire ceux qui augmentent pitta.

Les aliments crus sont souvent préconisés pour leur apport régulateur sur les fonctions intestinales et si vous souffrez de constipation, vous remarquerez peut-être une amélioration au début. Mais à la longue, l'âpreté procurée par trop d'aliments crus peut augmenter vâta et donc contribuer à la constipation.

Les aliments et leurs qualités

Le tableau suivant donne des exemples de qualités de certains aliments que nous mangeons. Peut-être ne remarquerons-nous les effets des qualités des aliments qu'après les avoir consommés régulièrement pendant un certain temps. Même dans ce cas, nous ne relierons peut-être pas toujours les changements intervenus dans notre corps à ces aliments.

QUALITES NATURELLES

Lourd	Lait - Blé - Riz brun - Poisson - Viande rouge - Huile de sésame
Léger	Haricots (Mung Beans) - Riz basmati - Légumes à feuilles - Poulet - Pomme - Huile de tournesol
Rafraîchissant/	Lait - Huile de tournesol - Blé - Pomme - Crème glacée - Noix de coco Froid
Echauffant/Chaud	Poisson - Huile de sésame - Oignons - Œufs - Viande - Piment
Huileux	Différentes sortes de noix - Poisson - Œufs
Asséchant	De nombreux légumes - Poires - Millet

Modifier les Qualités Naturelles des Aliments

Les qualités naturelles des aliments peuvent être changées de façon évidente, comme par la cuisson, mais aussi de manière subtile, par exemple à travers les attitudes des personnes impliquées dans la culture, la préparation et la commercialisation des aliments.

La cuisson modifie les qualités des aliments. Les aliments froids peuvent devenir chauds, les aliments secs deviennent humides ou huileux. Par exemple, les qualités du muesli dans du lait froid sont : sec, froid et lourd — qualités qui augmentent vâta et kapha. L'avoine sous forme de porridge est un petit-déjeuner beaucoup plus adapté si vous suivez un régime pour pacifier vâta, car humidité et chaleur ont été transmises à l'avoine.

Bien que les aliments ne soient pas évalués au niveau pranique, un manque de prâna dans votre nourriture entraînera une baisse de vitalité et éventuellement de la fatigue (voir pp. 50-1). Les méthodes modernes de production, la transformation, l'emballage et la distribution diminuent le prâna des aliments et la cuisson au micro-ondes peut le détruire. Certains aliments transformés contiennent des substances destinées à être agréables aux sens. Ces substances, au lieu d'ajouter des nutriments que le corps peut employer à fabriquer des tissus sains, risquent de déformer l'intelligence naturelle du corps et de susciter ama. Elles peuvent même amener l'esprit à avoir un besoin maladif d'aliments inappropriés.

L'Ayurvéda enseigne que des influences subtiles peuvent agir sur nous ; ainsi, les attitudes et émotions de ceux qui préparent la nourriture lui seront transmises. Aussi est-il préférable de manger des aliments cuisinés avec amour. Des plats cuisinés dans la colère peuvent perturber subtilement la digestion. Les qualités subtiles de nombreux aliments transformés ne sont pas connues, pas plus que les effets à long terme de leur utilisation habituelle. Tout aliment pris dans des circonstances inadéquates ou en excès sera " mauvais ". La notion d'inadéquat ou d'excessif variera pour chaque personne en fonction de son équilibre doshique ordinaire. Même les aliments " sains " peuvent être mal employés et créer ama : le miel cru en petites quantités est bénéfique, mais le miel cuit ne peut pas être assimilé et va créer ama. Nous ne pouvons pas toujours échapper à ces influences, mais il est bon d'en être informé de façon à sélectionner, autant que possible, des aliments frais qui ont été soumis à un minimum de transformations commerciales.

Mauvaises influences

Il est possible que certains produits usinés, qui servent à remplacer des aliments considérés couramment comme " mauvais " pour vous (comme le sucre et le beurre) ne soient pas sains ; et s'ils ne sont pas expulsés du corps, ils occasionneront ama et bloqueront des canaux.

Combinaisons Alimentaires

D'après les enseignements de l'Ayurvéda, certains aliments ne devraient pas être combinés car ils mettent un frein au processus de digestion. Toutes les substances ont leur propre goût, leur propre énergie, et leurs propres effets post-digestifs (voir pp. 52-3), qui influencent la manière dont la nourriture est dirigée et employée. Les différentes « exigences digestives » des aliments absorbés au cours d'un même repas peuvent mettre le système digestif à rude épreuve et diminuer agni. Ces aliments, s'ils sont consommés à des repas séparés, peuvent néanmoins être correctement digérés et par conséquent contribuer à votre bien-être.

Les qualités antagonistes des aliments qui ne sont pas idéalement combinés peuvent être réduites s'ils sont cuits dans un même récipient (voir ci-contre).

Malheureusement, les règles de combinaisons alimentaires ne peuvent être simplement présentées en un tableau exhaustif disant : « Ne mangez pas ceci avec cela ». Comme pour toute chose en Ayurvéda, tout est relatif et les règles générales doivent être appliquées individuellement. Si votre digestion est faible, vous devrez apporter plus de soin à la combinaison de vos aliments que si vous avez une forte capacité digestive.

Il est essentiel que vous appreniez à comprendre, non seulement ce que vous dit votre corps, mais aussi l'état de votre agni ou vos capacités digestives, qui varieront de temps en temps. Vous savez peut-être déjà que certains aliments de vous conviennent pas, ou qu'ils vous conviennent dans certaines occasions et pas dans d'autres. Votre propre observation est un bon professeur.

Cuisson dans un même récipient

Si vous cuisez ensemble des aliments différents en goût, énergie ou effets post-digestifs (voir pp. 52-3) dans un même récipient, telle une cocotte, vous pouvez diminuer de manière substantielle les effets adverses des combinaisons alimentaires incompatibles.

Les aliments se mélangent en un même « jus » qui agit sur le système digestif. La cuisson dans un même récipient est un bon moyen d'aider à régler les irrégularités dues à l'excès de vâta sur la digestion (voir p. 162 la recette de kitcheri).

Quelques règles générales concernant les combinaisons alimentaires

- *Ne mélangez pas des aliments qui ont des caractéristiques différentes (voir p. 52-3) au même repas. Par exemple, ne mélangez pas le lait, qui est rafraîchissant, avec le poisson ou la viande, qui sont tous deux échauffants.*
- *Ne mangez pas des aliments cuits et crus au même repas. Les aliments crus sont plus difficiles à digérer.*
- *Ne mangez pas de fruits avec d'autres aliments.*
- *Ne mélangez pas du lait et du yaourt.*
- *Ne mélangez pas du lait ou du yaourt avec des fruits aigres ou acides, du poisson, de la viande, des oeufs, des pommes de terre, tomates ou aubergines, ou des féculents.*
- *Ne mélangez pas différents types de protéines, comme les œufs et le fromage.*

Quantité de Nourriture

La quantité de nourriture que vous devriez ingérer doit en premier lieu dépendre de votre capacité à la digérer. Il ne faut manger ni trop, ni trop peu. Pensez au processus de digestion comme à un feu. Un feu sous forme de braises s'éteindra si vous lui ajoutez une grande quantité de combustible. Mais un peu de bois d'allumage s'enflammera, grossissant le feu et permettant de brûler plus de combustible. Cherchez toujours à manger la quantité de nourriture qui rétablira ou maintiendra une digestion régulière.

Votre capacité digestive est liée à votre constitution. Les types vâta ont tendance à manger insuffisamment ou bien de façon erratique, ce qui rend la digestion irrégulière ; les kaphas ont tendance à trop manger, ce qui ralentit la digestion. Les types pitta sont plus susceptibles d'avoir une bonne puissance digestive, bien que des aliments trop épicés risquent de faire brûler trop fort leur feu digestif (voir pp. 76-7).

Les autres facteurs déterminant la bonne quantité d'aliments comprennent l'âge, le niveau d'activité, la profession, la saison, et le moment de la journée. Si vous mangez trop ou trop peu, ne changez pas brusquement la quantité de nourriture ingérée, mais mangez régulièrement un peu moins ou plus pendant quelques semaines.

L'avis des textes ayurvédiques sur la meilleure quantité à consommer en un repas varie entre un tiers et la moitié de l'estomac en aliments solides, un quart à un tiers de liquides, l'autre quart ou tiers restant vide. Découvrez ce qui vous convient. En général, les types vâta doivent boire davantage de liquides que les kaphas. Les liquides aident à digérer et absorber les aliments ; l'espace est nécessaire à un bon mélange avec les sucs digestifs. Généralement, quand vous êtes malade, vous devriez manger un peu en dessous de votre faim.

Il est vital de manger la bonne quantité d'aliments personnalisés. D'après l'Ayurvéda, un bon régime alimentaire comprend 40 à 60 % de céréales, 10 à 20 % de protéines et 30 à 50 % de légumes et de fruits, que vous adapterez à votre constitution. Il pourrait être bon pour les kaphas de manger au moins 40 % de légumes, qui sont généralement légers, tandis que les vatas devraient manger plus de céréales que de légumes. Environ 10 % de l'alimentation, pour tous les doshas, devraient consister en fruits, qui ne doivent pas être mangés avec d'autres aliments.

Manger de la viande
L'Ayurvéda ne recommande pas la viande de façon régulière car elle est lourde à digérer. Cependant, elle peut être consommée quand c'est nécessaire pour renforcer le corps, en étant préparée sous une forme qui en facilite la digestion, comme dans des soupes ou en cocotte.

Importance du Lieu

La qualité de la nourriture et les qualités qu'elle contient sont influencées par le lieu où les aliments sont cultivés et produits. Essayez de vous en procurer qui proviennent d'un environnement naturel — par exemple, d'un endroit non pollué avec un sol fertile, et des aliments cultivés par des gens qui aiment les produire.

Quand la Charaka Samhitâ a été écrite, il y a environ 3000 ans, la plupart des aliments étaient cultivés et préparés à l'intérieur de la communauté qui les consommait. De nos jours, nous devons prendre en considération les effets d'une nourriture provenant d'autres parties du monde de même que les effets, sur les énergies subtiles, d'aliments qui sont le résultat des méthodes modernes de production. Les conditions dans lesquelles les animaux vivent et meurent ont une influence subtile sur la viande qu'ils donnent et que nous consommons. Nous risquons aussi d'absorber en même temps des résidus de substances chimiques utilisées dans les méthodes d'agriculture courantes. Les qualités subtiles d'aliments qui ont poussé dans un sol naturellement riche diffèreront des qualités de ceux qui ont poussé dans un sol appauvri par l'addition de produits chimiques. Les énergies subtiles de ces produits détériorent les fonctions normales des doshas et créent aussi ama.

Le climat de votre environnement local devrait guider votre choix au moment où vous sélectionnez la nourriture. Par exemple, si vous vivez sous un climat aride, les aliments aux qualités rugueuses ou aiguës seront en opposition avec votre corps. De même que le seraient des aliments froids et lourds consommés dans un endroit froid et humide.

Les conditions locales et géographiques sont interreliées et ont des qualités doshiques. Les endroits situés au niveau de la mer et ceux qui sont sous des climats froids et humides ont de fortes qualités kapha. Les endroits situés en altitude et ceux à faibles précipitations ou qui reçoivent beaucoup de vent ont de fortes qualités vâta. Le soleil apporte des qualités pitta. Le cimat idéal serait un endroit comme Hawaï, où aucune qualité doshique n'est excessive. Si vous vous déplacez vers un environnement différent, votre corps aura besoin de temps pour s'adapter et vous pourriez avoir à prendre des mesures supplémentaires pour compenser. Par exemple, passer de l'altitude et la sécheresse du Nouveau Mexique à une vie près de l'océan en Californie peut augmenter votre dosha vâta. Si c'est le cas, adaptez votre alimentation et huilez-vous la peau plus souvent.

Le Climat Idéal
Les Iles tropicales d'Hawaii bénéficient d'un climat équilibré dans lequel ni vâta, ni pitta ni kapha ne sont en excès.

Les Saisons

Les progrès naturels intervenant à travers les étapes de la vie (voir p. 10), les changements de saisons et le moment de la journée, sont des facteurs externes sur lesquels vous n'avez aucun contrôle. Ils ont tous des qualités qui peuvent agir sur votre santé. Si vous comprenez ces qualités, vous êtes alors capable de réduire les éventuels effets adverses en incorporant les qualités opposées dans votre mode de vie. C'est ce que vous faites déjà, dans une certaine mesure, en portant un manteau chaud en hiver ou un chapeau de soleil en été. En comprenant les cycles de ces facteurs externes en relation avec les qualités de VPK, vous êtes mieux placé pour planifier votre mode de vie et votre alimentation pour qu'ils répondent à vos besoins doshiques (voir aussi p. 61).

Adaptez votre régime alimentaire à l'étape de la vie qui vous correspond, notamment à l'âge vâta (55 ans et plus), où vous ne devriez manger des aliments crus et secs qu'occasionnellement. Adaptez-le aussi aux saisons, en raison de leur effet sur les doshas. En hiver, vous consommez des aliments plus chauds et plus lourds qu'en été, à moins qu'un déséquilibre constitutionnel ou doshique n'indique le contraire. En général, les salades sont plus appropriées en été pour rafraîchir pitta ; la décoction de gingembre en hiver pour réchauffer vâta et kapha.

VPK et les saisons

Un dosha est naturellement augmenté pendant la saison qui a des qualités semblables. Vous devez tenir compte de ces changements de saisons dans vos habitudes alimentaires, en particulier pendant la saison qui aggrave votre dosha prédominant.

VATA

La saison vâta est l'automne et le début de l'hiver. La sève se retire des feuilles, qui se dessèchent et sont emportées par le vent.

PITTA

L'énergie pitta augmente à la fin du printemps, avec l'augmentation de la température, et pendant tout l'été, la partie la plus chaude de l'année comprenant les journées ensoleillées les plus longues.

KAPHA

Le moment le plus froid de l'hiver, quand la nature est gelée et solide, est la saison pendant laquelle kapha est naturellement perturbée. La qualité liquide de kapha est ressentie au début du printemps, avec la fonte des glaces et la montée de la sève.

LE MOMENT DE LA JOURNÉE

Le moment où vous prenez vos repas affecte aussi les qualités doshiques de ceux-ci. Il est conseillé de ne pas manger tard le soir, et de quitter la table au moins deux heures avant d'aller se coucher pour favoriser la digestion. Si vous avez une constitution kapha ou que vous suiviez un régime qui pacifie kapha, n'oubliez pas qu'en mangeant aux moments kapha de la journée, vous augmentez la lourdeur du repas. Généralement, le petit déjeuner n'est donc pas recommandé pour les constitutions kapha pour la même raison, mais tenez toujours compte de votre cas particulier. Si vous suivez un régime qui pacifie kapha, prenez votre petit déjeuner avant 7 heures du matin et ne mangez pas le soir après 7 heures.

Les personnes de constitution pitta doivent chercher à prendre leur repas principal vers midi, quand le soleil, pitta et agni sont à leur paroxysme. Si vous avez un excès de pitta, vous pouvez être de mauvaise humeur jusqu'à ce que vous mangiez.

La principale période vâta est tôt le matin. La fin d'après-midi et le début de soirée sont aussi des moments vâta, " l'automne " de la journée. Si vous avez un excès de vâta ou que vous ayez une constitution vâta, le plus important est de manger à des heures régulières. Petit déjeuner à 8 heures, déjeuner à 12h 30, et repas du soir vers 18 heures seraient probablement ce qui vous conviendrait le mieux. Parfois, pourtant, vous pouvez avoir besoin de prendre de plus petits repas quatre ou même cinq fois par jour.

Rythmes de la journée

Les rythmes de la journée ont leurs propres qualités de VPK. Le commencement du jour, quand le mouvement et l'activité démarrent, est le principal moment vâta. Le milieu de la journée est la principale période pitta. Le ralentissement et le sommeil arrivent à la fin du jour, principal moment kapha. Chacune des énergies des trois doshas atteint un niveau maximum, dans une moindre mesure, à d'autres moments. Une indisposition dont les symptômes sont accentués à midi ou à minuit est susceptible d'être le résultat d'un excès de pitta.

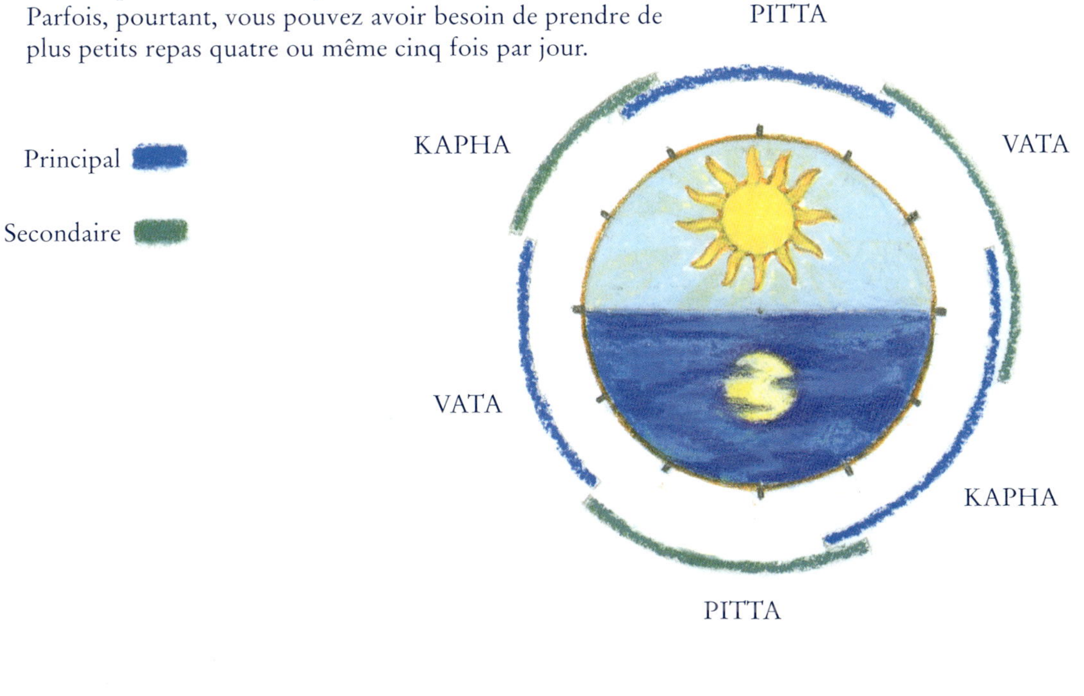

RÈGLES GÉNÉRALES CONCERNANT L'ALIMENTATION

Les principes esquissés dans les pages précédentes de ce chapitre vous aideront à manger la quantité appropriée, aux moments adéquats, des aliments qui vous conviennent, sans troubler vos doshas ou votre agni. Vous devrez chercher à consommer des aliments qui : sont compatibles et facilement digérés, absorbés et assimilés ; répondent aux besoins de votre corps pour la fabrication des tissus ; et satisfont vos sens et votre esprit.

Toutes les indications de choix d'aliments doivent être adaptées aux besoins doshiques individuels. Cependant, certaines règles du bien-manger s'appliquent à presque tout le monde — et elles relèvent le plus souvent du simple bon sens.

• Votre désir de manger vient-il de votre esprit ou de votre corps ? Ne manger que lorsque votre corps a naturellement faim.
• Ne mangez pas avant que votre estomac n'ait fini de travailler sur le repas précédent.
• Ne mangez pas si vous êtes très ému, en colère, inquiet, ou bouleversé, car cela perturbe agni.
• Evitez les combinaisons alimentaires incompatibles.
• Ne mangez pas trop ni trop peu.
• Mangez des aliments sains qui font plaisir aux sens.
• Evitez les aliments que vous n'aimez pas, car ils ne satisferont pas votre esprit.
• Evitez les aliments qui manquent de cuisson, sont trop cuits ou brûlés.
• Ne mangez pas de fruits verts ni trop mûrs.
• Evitez de manger les restes, ou de manger habituellement des aliments réchauffés, car ils contiennent peu de prâna.
• Ne buvez pas d'eau glacée avant, pendant ou immédiatement après un repas. Le froid choque le corps ; il inhibe agni et est cause d'ama. Si vous voulez boire pendant le repas, prenez des boissons chaudes, ou une petite quantité de vin, qui facilite la digestion.
• Mangez en agréable compagnie ou dans un plaisant silence.
• Pendant le repas, ne parlez pas trop, ne regardez pas la télévision, ni n'écoutez la radio, ni ne lisez. Ces activités distraient vos sens de la nourriture et vous détournent de l'observation de votre corps qui vous permet de répondre à ses besoins.
• Arrêtez de manger quand votre corps est rassasié.

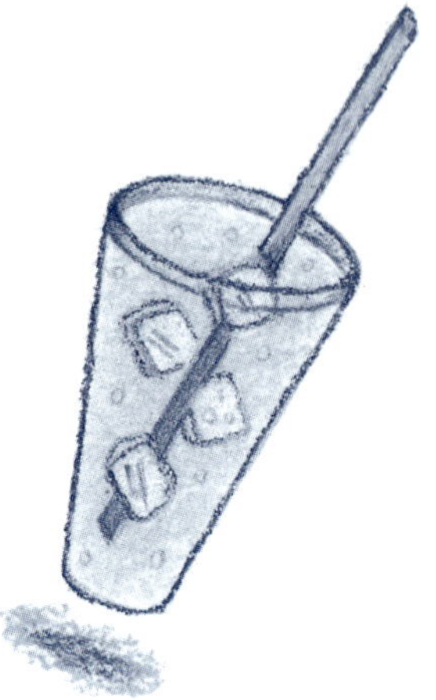

Eau glacée
L'eau glacée inhibe la digestion, qui entraîne la production d'ama et les troubles des doshas. Comme le dit le Dr Vasant Lad " Ice is not nice ".

LE CONSOMMATEUR

Les facteurs individuels à considérer pour évaluer l'alimentation qui vous convient sont :
• Votre constitution (voir pp. 38-41)
• Tout déséquilibre doshique courant (voir pp. 62-3)
• Age (voir p. 10)
• La force de votre digestion (voir pp. 49-50)
• Votre mode de vie

Réfléchir aux Changements de Régime

La chose la plus difficile à faire, quand vous utilisez les principes ayurvédiques, est souvent de décider d'un régime alimentaire qui soit bon pour vous. Il n'y a pas de réponse facile, mais l'important est de ne pas procéder à des changements rapides ou brutaux. Cela vous donne le temps d'apprendre la classification doshique des aliments (voir pp. 133-43) et d'être plus conscient des effets éventuels de votre alimentation courante. Ensuite, si vous faites un petit changement à la fois, vous ressentirez en vous-même la façon dont la nourriture affecte votre bien-être.

Les changements peuvent englober le fait de manger des aliments différents, différentes combinaisons alimentaires, ou la préparation de la nourriture avec des méthodes différentes. Si vous envisagez d'employer d'autres aliments, il vous faut considérer de quelle manière ils peuvent être incorporés à votre alimentation. En général, il n'est pas facile de renoncer à des aliments que vous consommez habituellement, et vous aurez du mal au début à envisager des produits de remplacement qui vous conviennent. Votre système digestif se sera adapté à la nourriture que vous mangez, et des changements soudains ou importants agiront comme un choc sur ce système et peuvent entraîner des problème d'ordre digestif ou autres. Procédez à des changements graduels, sur des semaines et des mois.

Pacifier les doshas

Les listes ci-dessous résument les principales règles des régimes cherchant à pacifier chaque dosha. De plus, vous choisirez les aliments de la colonne OUI des tableaux alimentaires pacifiant cette dosha (voir pp. 133-43), et vous éviterez ceux figurant dans la colonne NON. Quelques écarts ne porteront pas à conséquence ; c'est ce que vous faites habituellement qui importe.

PACIFIER PITTA

OUI	NON
Mangez des salades	Evitez les aliments acides, salés, épicés
N'utilisez que des plantes et des épices rafraîchissantes	Evitez l'alcool
	Evitez la viande
	Evitez les fritures

PACIFIER VATA

OUI	NON
Utilisez des épices	Evitez les aliments crus
Mangez des aliments lourds, chauds, huileux, humide	Evitez les aliments secs
	Evitez les légumes feuillus
	Evitez les aliments froids
Mangez à des heures régulières	Evitez les aliments surgelés

PACIFIER KAPHA

OUI	NON
Mangez beaucoup de légumes	Evitez les aliments sucrés et salés
Mangez des salades	Evitez les laitages
Mangez des aliments surgelés	Evitez les fritures
	Evitez les aliments secs et légers
Utilisez des épices	

QUEL RÉGIME POUR PACIFIER ?

Sélection du régime
Consultez les listes ci-dessous pour identifier votre état doshique, puis suivez le régime approprié indiqué en tête de colonne. Par exemple, si vous avez une constitution vâta avec pitta augmenté, suivez un régime pacifiant pitta. Pour découvrir quels aliments conviennent à quel régime, reportez-vous aux tableaux des pages 133-43.

Une fois que vous connaissez votre constitution (voir pp. 38-41), vous pouvez sélectionner les aliments qui tendent à pacifier votre dosha prédominant, puisque c'est le dosha qui a tendance à augmenter le plus facilement. En le pacifiant, vous gagnerez en vitalité en produisant un meilleur équilibre d'énergie doshique que celui qui existe dans votre équilibre constitutionnel. Avant de suivre un régime pacifiant votre dosha prédominant, vérifiez que vos autres doshas sont en équilibre (voir p. 63).

Si vous avez une constitution mixte, vous avez besoin d'un régime qui n'augmente aucun de vos doshas prédominants. Par exemple, si vous avez une constitution pitta-kapha, vous choisirez des aliments qui n'augmenteront pas excessivement pitta ou kapha. En outre, il vous faudra procéder à des corrections saisonnières, de sorte qu'un régime pacifiant pitta soit approprié à la saison pitta (l'été) et un régime pacifiant kapha à l'hiver.

Régime pacifiant vâta pour :
- *Une constitution vâta sans dosha augmenté*
- *Une constitution vâta avec vâta augmenté*
- *Une constitution pitta avec vâta augmenté (mais n'augmentez pas pitta)*
- *Une constitution kapha avec vâta augmenté (mais n'augmentez pas kapha)*

Régime pacifiant pitta pour :
- *Une constitution pitta sans dosha augmenté*
- *Une constitution pitta avec dosha augmenté*
- *Une constitution vâta avec pitta augmenté (mais n'augmentez pas vâta)*
- *Une constitution kapha avec pitta augmenté (mais n'augmentez pas kapha)*

Régime pacifiant kapha pour :
- *Une constitution kapha sans dosha augmenté*
- *Une constitution kapha avec dosha augmenté*
- *Une constitution vâta avec kapha augmenté (mais n'augmentez pas vâta)*
- *Une constitution pitta avec kapha augmenté (mais n'augmentez pas pitta)*

Cependant, si l'un de vos doshas non prédominants est excessif (voir p. 63), suivez un régime qui pacifie le dosha excessif jusqu'à ce qu'il soit revenu à votre norme constitutionnelle. Dans le même temps, évitez d'augmenter votre dosha prédominant. Suivez les conseils donnés pour les personnes de constitution mixte. Par exemple, si vous avez une constitution pitta mais que votre vâta soit excessif, suivez un régime pacifiant vâta, mais évitez de mangez trop d'aliments augmentant pitta. Soyez à l'écoute des signes de doshas en excès dans votre esprit et votre corps (voir p. 63) et quand l'excès de vâta aura été éliminé, suivez un régime pacifiant pitta.

Préparer les repas pour une famille

Si tout le monde au foyer suit le même régime pacifiant le même dosha, quel que soit celui qui organise les repas, il peut prévoir des menus comportant les mêmes ingrédients et principes appropriés. Mais si vous avez tous différents besoins doshiques, l'élaboration de menus appropriés peut être compliquée. N'essayez pas de modifier les repas avant d'être familiarisé avec les principes généraux — il vous semblera impossible d'établir un régime adéquat pour chacun à moins de préparer tous les plats séparément !

Avant de procéder à un quelconque changement, classez les aliments que vous achetez en vâta, pitta et kapha. Si vous avez l'intention de pacifier deux doshas, consultez les aliments correspondants dans les tableaux d'aliments (voir pp. 133-43) et appliquez-les aux deux, en les substituant là où cela est possible. Il n'y a pas de solution facile, mais de la modération, et l'utilisation individuelle de condiments et de garnitures, vous aideront. La sélection de plats d'accompagnement adéquats en cuisine indienne est un moyen très utile de faire un repas équilibré pour les trois doshas. Une autre méthode consiste à tout cuire dans un même récipient le plus souvent possible (voir p. 146).

Au fur et à mesure que votre compréhension de l'Ayurvéda augmentera, il en sera de même pour votre sûreté dans la préparation de repas équilibrés. N'oubliez pas que la nourriture doit être appréciée, aussi ne laissez pas l'anxiété liée à la préparation correcte des aliments gâcher vos repas. Une bonne digestion, des perceptions claires, une bonne compagnie et des aliments frais cuisinés avec amour font éprouver les délices naturels de la nourriture et la satisfaction du corps et de l'esprit.

Garnitures

Vous pouvez ajouter des garnitures individuelles selon les doshas : par exemple, les pittas peuvent ajouter de la coriandre ou des feuilles de coriandre, de la mente, du raita (condiment à base de yaourt), ou de la noix de coco râpée : vatas et kaphas peuvent ajouter du poivre fraîchement moulu ou des pickles au gingembre.

PROFILS ALIMENTAIRES

Le régime de Vicky (p. 112)
Vicky est végétarienne, avec une constitution vâta et un déséquilibre vâta. Elle a aussi des toxines dues à son incapacité à digérer complètement de mauvaises combinaisons alimentaires. Elle doit manger régulièrement et simplement, et en particulier éviter les aliments crus et secs. Elle doit sélectionner ses aliments d'après la colonne pacifiant vâta (OUI) dans les tableaux alimentaires (voir pp. 133-43).

Le régime de Gilles (p. 81)
Giles a une constitution kapha et ses aliments préférés ont tendance à augmenter kapha. Il doit éviter les fritures, les laitages et les aliments sucrés, et sélectionner ses aliments d'après la colonne pacifiant kapha (OUI) dans les tableaux alimentaires (voir pp. 133-43).

Le régime de Martin (p. 105, 182-3)
Martin a une constitution pitta et un excès de pitta. Son alimentation habituelle, qui augmente pitta, doit être modifiée pour réduire pitta. Il doit éviter les fritures, l'alcool et le café, et diminuer la viande, notamment la viande rouge. Il doit sélectionner ses aliments d'après la colonne pacifiant pitta (OUI) dans les tableaux alimentaires (voir pp. 133-43).

REGIME DE VICKY

Repas	*Résumé du régime à partir des notes de la semaine*	*Suggestions d'adaptation du régime pour aider à pacifier vâta*
Petit déjeuner	Muesli de flocons d'avoine avec fruits secs, lait froid et yaourt. Œuf bouilli avec toast. Café	Flocons d'avoine cuits. Mangez les fruits séparément et trempez les fruits secs. Ne mélangez pas lait et yaourt. Oeufs brouillés.
Déjeuner	Salade de laitue, tomates et concombre, avec quiche ou fromage et pomme de terre au four	Légumes sautés ou à la vapeur. Remplacer le fromage dur par du fromage blanc. Utilisez du poivre fraîchement moulu. Mangez une patate douce ou faites cuire une pomme de terre blanche avec huile et épices. Macaroni de blé complet en sauce. Lassi.
Repas du soir	Lentilles, haricots ou plats de noix avec salade ou légumes. Pudding au riz. Yaourt, tarte au fromage blanc, ou fruit.	Limitez l'emploi des légumineuses aux mung beans, certains produits au soja, et aux lentilles corail. Utilisez du cumin, de la coriandre et du fenouil dans les plats de haricots pour limiter les gaz et leur tendance à créer de la constipation. Essayez le kitcheri avec du pain ou des chapatis et des pickles. Prenez du lassi au lieu de yaourt. Mangez les fruits seuls, comme en-cas.
En-cas	Gâteaux de riz, chocolat. Boisson alcoolisée de temps en temps, jus de pomme, eau gazeuse.	Fruits doux. Gâteaux de blé complet ou d'avoine avec des épices, comme la cannelle et le gingembre. Tisane de gingembre, lait chaud épicé. Une petite quantité d'alcool pour stimuler l'appétit.

REGIME DE GILLES

Repas	*Résumé du régime à partir des notes de la semaine*	*Suggestions d'adaptation du régime pour aider à pacifier kapha*
Petit-déjeuner	Céréales enrobées de sucre avec lait froid. Toast au beurre et à la confiture. Café. Le week-end, oeufs au bacon, tomates et pain.	Un petit-déjeuner léger avant 7h 30 : muesli (sans blé) et buvez du jus de fruits, comme la pomme au lieu de lait froid.
Déjeuner	Sandwiches au fromage ou pizza ou crevettes et chips. Pâtisserie danoise ou autre dessert. Bière.	Soupe ou salade, mais avec très peu de sauce à l'huile. Lassi.
Repas du soir	Pâtés à la viande et aux rognons, ou rôti de boeuf ou poulet, avec des légumes bouillis ou rissolés. Prend généralement un dessert, parfois avec de la crème.	Poisson d'eau douce ou poulet, légumes vapeur. Plats avec du riz basmati ou du millet. Pommes cuites au four avec clous de girofle et cannelle.
En-cas	Biscuits au chocolat, thé, boissons gazeuses et sirops.	Fruits. Jus de pomme, de raisin, tisanes de plantes.

REGIME DE MARTIN

Repas	*Résumé du régime à partir des notes de la semaine*	*Suggestions d'adaptation du régime pour aider à pacifier pitta*
Petit-déjeuner	Si loin de la maison, petit déjeuner frit. Café. A la maison, café et saute le petit-déjeuner. Encore du café et ce qui lui tombe sous la main en arrivant au bureau.	Prenez un petit-déjeuner. Flocons d'avoine (porridge), toasts ou crêpes.
Déjeuner	Sandwich sauf repas d'affaires, souvent au restaurant italien ou mexicain. Vin.	Restez-en aux «bars à salades». Ne prenez pas d'alcool.
Repas du soir	Une grande variété de différents aliments, souvent des steaks. Aime les sauces fortes en goût, surtout celles avec tomate, ail, oignons ou piment. Vin et liqueurs.	Plats de riz et pâtes. Utilisez des sauces aux herbes plutôt que des sauces épicées. Diminuez la quantité d'alcool.
En-cas	Snacks salés. Café. Spiritueux.	Fruits doux. Boissons froides, jus de fruits doux dilués, thé à la menthe.

EPICES ET HERBES

Dans la cuisine occidentale, épices et herbes sont employées en petites quantités, principalement pour leur saveur. L'Ayurvéda a une approche plus large. En plus d'apporter un goût délicieux à la nourriture, les épices et les plantes stimulent l'appétit et facilitent la digestion, en augmentant la sécrétion des sucs digestifs ainsi que leur absorption dans les intestins, en réduisant les gaz et en influençant les doshas. Certaines épices devraient être présentes dans chaque foyer. Si vous n'avez pas encore essayé de cuisiner avec des épices, les dix exemples qui suivent devraient constituer une bonne base.

L'énergie (voir pp. 52-3) de chaque herbe et épice est indiquée — soit échauffante, soit rafraîchissante. Les épices agissent également sur les doshas, soit en augmentant (A), soit en pacifiant (P) ; l'effet est mentionné selon l'ordre de V, P et K.

Poivre noir
Echauffant P A P
Augmente l'appétit et agni. Facilite la digestion des produits laitiers. En trop grandes quantités il provoque irritation et sécheresse. Utilisez-le fraîchement moulu.

Coriandre
Rafraîchissant P P P
Aide à contrecarrer les effets des aliments piquants. Libère les gaz et tonifie généralement le système digestif. A employer en grains ou moulu. Utilisez les feuilles en garniture.

Curcuma
Echauffant P P P
Renforce la digestion et améliore le métabolisme en général. Facilite la digestion des protéines. La racine est employée moulue. Largement utilisé en cuisine indienne, donne aux plats une couleur jaune. Peut tacher les vêtements, les surfaces de travail, et la porcelaine.

Cardamome
Echauffant P P P*
Enflamme agni sans augmenter pitta, à moins de l'employer en excès. Réduit les effets de formation du mucus des produits laitiers. Utilisez-le dans le café pour contrer certains effets de la caféine. S'emploie en poudre ou en graines.

P = pacifie A = augmente * = pacifie sauf si utilisation excessive

Cannelle
Echauffant P P P*
Stimule agni. Est moins susceptible d'affecter pitta que le gingembre. Employé en poudre, en bâtons ou en morceaux.

Clous de girofle
Echauffant P A P
Stimule agni et facilite l'absorption. S'utilise entier ou moulu.

Cumin
Légèrement échauffant P P P*
Pacifie vâta et kapha sans augmenter pitta, sauf en excès. Aide à diminuer ama et les gaz et tonifie le système digestif. Utilisez-le en graines entières ou en poudre.

Gingembre
Echauffant P A P
Hautement considéré en Ayurvéda. Travaille sur tous les tissus, notamment digestifs et respiratoires. Stimule agni, aide à soulager les gaz et la constipation, et l'indigestion vâta ou kapha. Ne pas employer s'il y a un pitta élevé, de la température, des saignements ou des ulcères. Utilisez la racine, soit fraîche, soit séchée. La fraîche est meilleure pour vâta et la sèche pour kapha.

Fenouil
Rafraîchissant P P P
Augmente agni sans augmenter pitta. Aide à prévenir les gaz. Vous pouvez, soit le mâcher après un repas ou l'ajouter aux légumes qui ont tendance à produire des gaz à la cuisson. Utilisez-le en graines entières ou en poudre.

Muscade
Echauffant P A P
Facilite l'absorption. Est calmant. Utilisez-la moulue et avec modération.

BOISSONS À PARTIR D'HERBES ET D'EPICES

Sachez vous adapter en employant herbes et épices, sélectionnez-les selon vos besoins et les saisons. Si vous avez beaucoup de chaleur dans le corps (par exemple, ceux qui ont une constitution pitta ou un excès de pitta), des épices chaudes et piquantes ne vous feront pas de bien. Cependant, vous pouvez vous servir de poivre noir, cardamome, cannelle et curcuma avec modération (voir pp. 158-9). Coriandre et fenouil sont rafraîchissants et donc bénéfiques pour vous. Les personnes ayant une constitution naturellement froide (les vâtas ou kaphas) peuvent utiliser toutes les épices. Celles qui sont échauffantes, comme le gingembre, le poivre noir et le clou de girofle sont particulièrement efficaces pendant les mois d'hiver. Quelle que soit votre constitution, assurez-vous que vous avez dans votre cuisine un choix d'épices.

Un bon moyen de vous familiariser avec le goût et les effets des épices et des herbes consiste à en faire des boissons. Prenez le plaisir de faire vos propres tisanes en fonction de vos besoins spécifiques, et buvez-les en alternance avec votre thé ou votre café habituel. Voici quelques recettes de boissons diverses que vous pouvez essayer. Les quantités proposées sont une indication, à vous de les adapter selon vos préférences.

Tisane de gingembre

Cette boisson très réchauffante peut être préparée avec du gingembre frais ou séché. Pour un mug, mettez SOIT une cuillerée à café de gingembre frais râpé ou finement coupé, SOIT une cuillerée à café rase rase de gingembre en poudre. Ajoutez de l'eau bouillante et laissez macérer pendant cinq minutes. Filtrez avant de boire. Ajouter du miel ou du sucre roux si vous le désirez.

Boisson échauffante

Le moyen le plus facile de préparer un mélange de cinq épices moulues consiste à en faire de petits tas et de les stocker dans un pot. Les proportions sont : une part de poivre noir pour quatre parts de chacune des épices suivantes : carcamome, cannelle, clous de girofle et gingembre. Faites des essais pour vous si ces proportions vous conviennent, mais attention de ne pas forcer sur le poivre noir, sinon il dominera sur tout le reste. Mélangez bien le tout. Vous pouvez faire une simple tisane à raison d'une cuillerée à café rase du mélange par mug, en ajoutant de l'eau chaude et en laissant infuser pendant quelques minutes. Ajoutez miel ou sucre roux si vous le souhaitez, une fois que la boisson est infusée. Vous pouvez aussi mettre quelques pincées de ce mélange dans votre thé habituel, pour changer un peu.

Boisson rafraîchissante

Cette boisson est rafraîchissante d'après ses propriétés énergétiques plutôt que sa température et convient à tous les types de constitutions. Elle est faite à égales proportions de graines de cumin, coriandre et fenouil. Mettez une cuillerée à café de graines par mug. Ajoutez de l'eau chaude et laisser infuser avant de filtrer et de boire. Une façon pratique de préparer cette tisane consiste à mélanger un tas de graines, les stocker dans un pot, et utiliser une boule à thé pour les graines quand vous désirez en boire.

Lait épicé

Prenez un petit mug dans lequel vous mettez de quelques généreuses pincées (environ un quart de cuillerée à café) de gingembre, cardamome et cannelle moulus et une petite pincée de noix de muscade. Remplissez de lait chaud. Quand il sera légèrement refroidi, ajoutez, si vous le désirer, du miel selon votre goût. Remuez bien. Voilà une bonne boisson à consommer avant d'aller se coucher, apaisant vâta et favorisant le sommeil. Vous pouvez essayer différentes proportions ou diverses épices, comme le clou de girofle à la place de la cannelle.

Lassi

Cette boisson modifie les propriétés naturelles du yoghourt et est recommandée en fin de repas pour faciliter la digestion. Adaptez les épices à votre constitution. Les types vâta et kapha peuvent employer le cumin, le gingembre, la cardamome et/ou le poivre noir. Ce dernier est excitant, aussi utilisez-le avec précaution. Les types pitta choisiront la coriandre ou le fenouil. Mélangez des parts égales de yoghourt et d'eau et ajoutez, au total, une demie à une cuillerée à café des épices choisies. Vous pouvez mettre aussi du miel ou du sirop d'érable si vous le désirez.

KITCHERI

Le kitcheri est un plat cuit dans un seul récipient, avec du riz, des haricots secs, des épices et souvent des légumes. Vous pouvez adapter les épices et les légumes à votre goût et à vos besoins doshiques. Nourrissant et très facile à digérer, le kitcheri est recommandé pour les digestions irrégulières (voir pp. 76-7). Si vous faites du riz aux haricots avec deux parts de riz pour une de haricots, la quantité de protéines disponibles pour le corps sera plus importante que si riz et haricots étaient mangés séparément. Si vous avez peu de force digestive, le kitcheri doit être cuit à la consistance de pommes de terre en purée.

Ingrédients :	Huile	Epices
	Riz basmati	Mung beans (haricots) jaunes cassés
	Eau	Légumes

Vous pouvez varier votre choix d'épices et les quantités que vous employez. Au début, essayez une demi-cuillerée par personne de graines de cumin, coriandre et fenouil et une demi-cuillerée de curcuma en poudre. Vous aurez ainsi un plat qui convient à tous les types de constitutions. Pour un kitcheri plus chaud, ajoutez du gingembre.

Comptez, par personne, une poignée de riz basmati (environ 30 g) et la moitié de pois cassés jaunes. Mélangez le riz et les pois et lavez les à l'eau froide.

Dans une casserole, mélangez une cuillerée à café de ghee ou d'huile et ajoutez les graines. Faites cuire une minute. Ajoutez les épices moulues et le riz et les pois lavés, en les mélangeant pour qu'il s'enrobent d'huile. Ajoutez suffisamment d'eau chaude pour couvrir riz et haricots (environ 5 cm), faites bouillir puis mijoter doucement, en remuant de temps en temps. Assurez-vous que le récipient ne se dessèche pas et ajoutez de l'eau si nécessaire.

Ajoutez des légumes coupés en dés si vous le désirez — les légumes-racines en même temps que le riz, et les légumes feuillus ou plus tendres plus près de la fin du temps de cuisson. Sélectionnez des légumes qui conviennent à vos doshas (voir tableaux des aliments p. 133-43). Le plat est prêt quand le riz est tendre et que l'on peut facilement en écraser un grain entre le pouce et l'index. La plupart du liquide sera absorbé ou évaporé. Le kitcheri peut être servi avec des chapatis.Les types pitta peuvent utiliser des feuilles de coriandre en garniture. Les types vâta et kapha peuvent prendres des pickles.

Un plat unique
Le kitcheri, plat de riz et de pois cassés, est nourrissant et facile, à la fois à préparer et à digérer. Cependant, il peut entraîner de la constipation s'il est consommé régulièrement. Vous préviendrez cet effet en ajoutant des légumes coupés en dés (voir texte principal).

KENRICK
3 PINTS

Manger des Légumes

Les légumes devraient constituer 20 à 40 % de votre alimentation. Si vous avez une constitution kapha, mangez-en beaucoup car ils sont généralement légers.

L'Ayurvéda ne recommande pas la consommation de légumes crus parce qu'il sont rugueux et difficiles à digérer. Cependant, ils conviennent à l'occasion, si vous avez une bonne digestion. Les salades sont meilleures en été qu'en hiver car elles pacifient pitta mais augmentent vâta. Si vous êtes à l'âge vâta (au-dessus de 55 ans), ne mangez des salades que de temps en temps, avec une sauce. Les tomates crues perturbent toutes les doshas, aussi évitez d'en consommer régulièrement. Les légumes crus sont plus longs à digérer que les légumes cuits, aussi essayez de ne pas les mélanger au même repas.

Quand vous devez décider du mode de cuisson de vos légumes, pensez aux qualités que la cuisson ajoutera. Si vous remuez des légumes frits ou sautés, l'huile augmentera kapha et pitta mais pas vâta. Si les légumes sont à peine cuits et encore croquants, ils auront tendance à augmenter vâta et à être plus durs à digérer.

Les pommes de terres sont vatagéniques et la cuisson les dessèche encore plus. La peau ajoute une autre qualité vâta — la rugosité — et est difficile à digérer. Aussi, régalez-vous de pommes de terre au four si votre vâta n'est pas aggravé. Vous pouvez réduire les qualités vatagéniques des pommes de terre en les cuisant comme indiqué page xxx. Les légumes cuits à la vapeur préservent leur saveur et sont plus faciles à digérer.

Autant que possible, achetez en saison des légumes biologiques cultivés localement ou, mieux encore, mangez ceux que vous ou vos amis avez fait pousser avec amour.

Légumes frais
Appréciez la saveur et la fraîcheur de légumes cueillis récemment et localement. Sélectionnez ceux qui conviennent à vos doshas.

Faire cuire des légumes coupés en dés avec des épices dans une petite quantité d'eau est une méthode qui convient à toutes les doshas. Vous pouvez essayez différentes combinaisons d'épices et de légumes. Sélectionnez un ou plusieurs légumes adaptés à vos besoins doshiques (voir tableaux des aliments p. 133-43). Lavez-les et coupez-les en petits morceaux. Un peu de créativité dans l'art de la découpe améliore l'apparence du plat.

Employez un grand poêlon creux ou une casserole, de préférence en acier inoxydable, avec un couvercle. Faites chauffer à feu moyen, ajoutez 2-3 cuillerées à soupe — ne mettez pas trop d'huile si vous avez une constitution kapha. Puis ajoutez les épices choisies, de préférence celles qui sont bénéfiques à votre agni et vos doshas (voir pp. 158-9), mais tenez compte aussi de leur arôme et leur saveur. Si les épices sont quelque chose de nouveau pour vous, commencez avec des graines de cumin et de moutarde, une demi-cuillerée de chaque — les graines de moutarde noire sont plus fortes que les jaunes.

Si vous utilisez des graines entières, mettez-les dans l'huile et faites-les chauffer jusqu'à ce qu'elles commencent à éclater. Puis ajoutez votre sélection d'épices moulues (par exemple curcuma ou fenouil) et laissez cuire un moment avant d'ajouter les légumes émincés, que vous remuez pendant une minute pour les enrober dans les épices et l'huile, puis ajouter une petite quantité d'eau.

Faites bouillir, puis mettez un couvercle et baissez le feu (doux ou moyen) en laissant la cuisson des légumes s'achever. La quantité d'eau nécessaire dépend du type de légumes que vous cuisinez — les légumes-racines ont besoin de plus d'eau que les légumes plus tendres comme les courgettes — et de la taille à laquelle vous les avez coupés. Pour l'essentiel, il ne doit pas y avoir d'eau en excès quand les légumes sont prêts à être consommés (vous pouvez rajouter de l'eau si nécessaire pendant la cuisson).

Le kitcheri et les légumes cuits de cette manière, avec des garnitures adaptées à vos doshas (voir p. 155) et des chapatis ou un autre pain plat, et suivis par un verre de lassi (voir p. 161) constituent un plat facilement digeste, nourrissant, savoureux et peu onéreux, qui est équilibré pour toutes les doshas.

7

L'Esprit et les Emotions

यद्गुणं चाभीक्ष्णं पुरुषमनुवर्तते सत्त्वं
तत्सत्त्वमेवोपदिशन्ति मुनयो बाहुल्यानुशयात् ॥

C'est le type d'action habituelle qu'une personne effectue qui permet de savoir à quel type appartient son mental ; il en est ainsi parce que cette qualité doit être prédominante en elle.
*(**Charaka Samhitâ**, chapitre 8:6)*

L'être humain parfait ne ressent aucun trouble du flux d'énergie, puisque tous ses niveaux fonctionnent en harmonie. Le corps, les sens, l'esprit, la conscience, et ces parties de nous qui sont au-delà des mots, expriment ensemble la merveille et la beauté de la vie. Des troubles peuvent affecter la santé à n'importe quel niveau.

Votre corps, la partie la plus accessible de votre être, est le reflet des parties moins tangibles de vous-même ; une expression de toutes vos expériences et de la façon dont vous les avez assimilées.Votre corps nécessite une attention véritable, qui peut faire défaut car l'esprit “ au quotidien ” recherche continuellement de nouvelles expériences.

L'Ayurvéda enseigne que l'esprit (le mental) a des qualités, et doit donc être physique, bien que plus subtil que le corps. Comme le corps, il a besoin d'être équilibré pour bien fonctionner. L'esprit est plus rapide et plus exigeant que le corps, et donc plus difficile à contrôler correctement. Ahamkara (voir pp. 18-21) peut s'identifier si fort avec lui que le lien avec votre sagesse intérieure semble perdu, de même que l'unité due au sentiment de faire partie, avec tous les autres, de la conscience cosmique.

D'après l'Ayurvéda, toutes les maladies sont psychosomatiques. L'esprit et le corps sont tous deux impliqués et doivent être pris en compte dans le rétablissement de la santé et le maintien de la forme, car les bénéfices obtenus à un niveau de l'être seront reflétés à d'autres niveaux.

L'esprit au quotidien

Votre esprit au quotidien et votre intellect ordinaire orientent vos sens et vos actions. Ils régulent les interfaces entre votre environnement externe et interne. Votre esprit pénètre tout votre corps.

Tout ce que nous ressentons au niveau physique vient de l'un de nos sens, ou plus. Toutes nos perceptions ont des qualités reliées à VPK. Cela est facilement démontré avec le goût (voir pp. 54-5), mais s'applique aussi aux autres sens. Un film violent, par exemple, a des qualités aggravant pitta. Les chatouilles augmentent vâta.

Vous ne pouvez pas être conscient de toutes les sensations que vous recevez, mais souvenez-vous que les qualités des sensations peuvent augmenter vos doshas selon le principe que “ le semblable augmente le semblable ”. Aussi, limitez votre analyse aux qualités que vous ne voulez pas, mais appréciez celles qui ajouteront à votre bien-être.

La clarté de votre esprit est affectée par la façon dont vous l'utilisez. Comme un muscle, il a besoin d'être bien employé, ni trop, ni trop peu. Les types pitta ont tendance à avoir des esprits aigus et vifs — ils adorent lire et résoudre des énigmes — dont ils abusent facilement. Les kaphas pensent plus lentement et devraient généralement bénéficier de plus de stimulation mentale qu'ils n'en ont l'habitude. Les vatas rêvent leurs projets et en ont de nouveaux chaque fois que vous les rencontrez. Ils ont besoin d'une ou deux de leurs bonnes idées, afin d'avancer aux stades de planification et d'exécution.

Quelle que soit votre constitution, trop de travail intellectuel aggrave pitta. Trop de stimulation sensorielle, comme la télévision et les vidéos, perturbe vâta. Les tâches ennuyeuses et répétitives engourdissent l'esprit et augmentent kapha. Ce qui est “ trop ” dépend des circonstances individuelles et ordinaires.

Nourriture émotionnelle

Nous mangeons habituellement des aliments sucrés quand nous cherchons un réconfort. Les aliments réconfortants ont souvent des qualités kapha, à la fois dans leur goût et leur texture. Pour guérir vos blessures émotionnelles, utilisez d'autres sens que le goût pour vous réconforter et vous nourrir, comme la compagnie d'amis, un massage avec des essences de plantes, ou une musique relaxante.

Expérience sensorielle

Le parfum d'une rose est sucré, qualité associée à kapha.

COMPRENDRE LES EMOTIONS

Ceux qui expriment souvent leurs émotions pensent que cela vaut mieux que de les réprimer. L'Ayurvéda dit qu'il vaut mieux comprendre les émotions que les réprimer ou les exprimer. En les comprenant, elles sont transformées et libérées. Si vous êtes coléreux, regardez derrière les événements qui ont déclenché votre colère. Puis regardez derrière la colère. Derrière la colère, ou la peur, ou les autres émotions négatives, il y a généralement une blessure. Une blessure profonde, que vous avez essayé de passer sous silence.

Les émotions profondes non résolues peuvent perturber l'esprit. Elles sucent votre énergie jusque dans des endroits qui échappent apparemment à votre contrôle ou se manifestent dans le corps sous forme de maladie. Il est possible que vous n'arriviez pas à résoudre toutes les douleurs émotionnelles quand elles se produisent, notamment si un événement vous submerge ou si le traumatisme émotionnel a lieu avant que vous ayez la maturité nécessaire pour le digérer et l'assimiler.

Le corps et l'esprit ont un puissant instinct de survie qui peut passer outre les processus conscients. Les phobies, ou les actions habituelles moins nettement étiquetées mais également inappropriées, peuvent être des comportements érigés en défense ou des mécanismes de rejet. Le problème de la phobie détourne l'attention de la blessure non guérie. L'énergie est employée à maintenir le rejet ou l'esquive plutôt qu'à créer la forme.

La résolution de la douleur relâche l'énergie employée à rejeter ou éviter, ou celle qui se manifeste dans des symptômes physiques. Prenez le temps de résoudre vos douleurs émotionnelles. Il faut avancer par petites étapes, en ayant parfois l'impression de reculer, jusqu'au moment où vous ressentez le changement à l'intérieur. Celui-ci vient de la compréhension, de l'acceptation, et du lâcher-prise.

Entrer en contact avec votre sagesse intérieure (voir p. 174) vous aide lorsque vous essayez de résoudre vos blessures émotionnelles profondes. Observez votre corps et votre esprit en vous interrogeant sur ce que vous ressentez. Demandez-vous pourquoi vous ressentez cela. Laissez s'épanouir votre connexion avec votre sagesse intérieure, et laissez-la vous montrer votre unique manière de comprendre. Ouvrez-vous au guide intérieur qui est toujours

Aller au bout de la douleur
Les blessures émotionnelles peuvent être très douloureuses et il peut arriver que vous ne soyez pas disposé à affronter cette douleur. Il est généralement admis, par exemple, que le seul moyen de résoudre la douleur d'un deuil consiste à aller au bout de cette douleur. Si le processus d'affliction s'arrête avant que la douleur soit résolue, divers problèmes psychologiques et physiologiques apparaissent, que l'on ne relie pas forcément au deuil. Appliquez ce principe du « bout de la douleur » à tous les types de douleur que vous éprouvez.

prêt à révéler les opportunités dont vous avez vraiment besoin. Vous devez en être conscient pour les voir. Ensuite, il est vital d'agir par rapport à elles.

Commencez par noter les coïncidences ou les événements synchronisés de votre vie. Posez-vous de simples questions, comme si une personne sage vous écoutait. Des réponses immédiates ou directes ne sont pas nécessairement données. Au sujet de votre vie quotidienne, certaines choses peuvent arriver qui semblent des coïncidences. Quelqu'un peut dire quelques paroles ou vous donner un livre qui contient quelque chose qui fait vibrer une corde en vous, ou bien vous rencontrez quelqu'un qui ouvre de nouveaux espaces à vos questions intérieures. Les circonstances de ces coïncidences sont uniques pour chaque individu, et sont aisément écartées par l'esprit logique. Certes, servez-vous de votre bon sens et de votre esprit de discrimination, mais soyez conscient de la façon discrète dont vient la direction. Cela devient plus facile avec la pratique, et le moment voulu vous trouverez que vous avancez de plus en plus dans le courant de votre vie.

Vous pouvez être tenté de rechercher le soutien de quelqu'un au moment où vous comprenez et admettez tout ce que vous avez éprouvé, la façon dont vous avez réagi à ce moment, et comment cela vous a affecté. Lorsque cette reconnaissance intérieure survient, vous sentez la force qui a soutenu la douleur se dissoudre. Vous êtez prêt à assimiler le “ bon ” qui a été extirpé de la douleur.

Aimez-vous vous-même

La détente est un processus, un moyen par lequel nous grandissons.
Savourez-la par petites gorgées.
Pensez à vous aimer vous-même pendant tout ce temps. Votre esprit et votre corps recherchent toujours la santé, mais leur point de départ est de savoir comment ils sont maintenant. Ils ont besoin de temps, de nutriments, de routine, et d'une discipline douce.

EXPLORER VOTRE DOULEUR

Quand vous éprouvez de la douleur, qu'elle soit psychique ou physique, ou quand vous avez un problème émotionnel, prenez le temps de vous arrêter pour voir ce que vous pensez de la douleur ou du problème tout en prenant les mesures pratiques pour l'alléger.

Regardez et ressentez la douleur sans passion, avec un esprit d'investigation. Reliez les qualités de vos expériences aux doshas (voir pp. 30-1, 75, 78). Posez-vous des questions sur ce que vous éprouvez. Soyez patient : cela demande généralement de la pratique que d'obtenir un esprit pénétrant. Ayez confiance en votre capacité à recevoir les conseils de votre sagesse intérieure, qui peut être dissimulée derrière le bavardage de l'esprit ordinaire.

Vous pouvez faire cet exercice d'investigation et d'observation avec n'importe quel problème de votre vie. Soyez dans le problème et explorez-en toutes les facettes. N'oubliez pas, vous être celui qui observe. Avec amour, patience et diligence, cherchez les clés de la compréhension et de la résolution.

Evénements de la Vie et Changements

Les traumatismes et les événements de la vie, même ceux qui sont heureux, agissent sur notre santé car les changements aggravent vâta. Vâta est le plus volatil des doshas ; d'après les textes anciens, plus de 50 % des maladies sont dues à des troubles de vâta. De nombreux symptômes de stress de la vie moderne sont dus à un excès de vâta. Prenez davantage soin de vous pendant les périodes de changement, afin de prévenir un déséquilibre de vâta. Essayez de comprendre comment vos doshas sont affectés par les changements et les événements de la vie, et comment ils affectent vos réactions à ces événements. Essayez de voir les moments de mauvaise santé ou de stress comme des indicateurs des modifications nécessaires à votre mode de vie.

Les principaux événements de la vie comprennent les changements, à la fois dans les conditions de vie en famille (par ex. divorce, mariage, grossesse, accouchement, départ des enfants de la maison) et dans le travail (nouvel emploi/nouveau patron), licenciement, retraite, déménagement). La mort de quelqu'un que nous aimons nous laisse vide (vâta), mais d'autres émotions peuvent être liées à la douleur : par exemple la colère (pitta) au sujet des circonstances de la mort, ou la difficulté à lâcher prise (kapha).

Evaluer les événements de la vie

Utilisez les rubriques ci-dessous pour évaluer les événements majeurs de votre vie :

- Description de l'événement
- Durée de l'événement
- Saison pendant laquelle l'événement a pris place
- Les effets de l'événement sur le corps
- Pensées et émotions éprouvées

Pensez aux effets qualitatifs sur votre esprit et votre corps. Relez-les aux qualités de VPK (voir pp. 28-31, 37) et aux émotions (voir pp. 36, 78, 168-9)), afin d'évaluer les effets doshiques de vos expériences.

Comparez l'ordre chronologique des événements de votre vie, y compris les indispositions ou maladies précédentes, et utilisez l'évaluation des indispositions (voir p. 80) pour comprendre quel dosha en excès a manifesté ces symptômes. Cela permet de construire l'image des modèles doshiques de votre vie et d'indiquer des tendances à la manière dont vous réagissez. Demandez à un ami compréhensif de vous aider.

Un nouveau-né

L'arrivée d'un nouvel être humain est le signe de nombreux changements dans une famille. Tous les doshas peuvent être affectés par les expériences physiques et émotionnelles. En particulier vâta sera augmenté par le processus de la naissance lui-même, par le changement de vie, et par les interruptions et le manque de sommeil.

LES EMOTIONS RÉPRIMÉES ET LE CORPS

Nous avons vu que les émotions négatives et réprimées aggravent les doshas (voir pp. 78, 168-9). Les émotions non résolues peuvent aussi créer des points faibles (voir p. 70), qui ne montrent aucun symptôme jusqu'à ce que les doshas soient aggravés et se répandent dans les tissus. Le massage peut atteindre les sept types de tissus qui, d'après l'Ayurvéda, sont reliés aux couches de la peau.

Le massage est connu pour améliorer le métabolisme et pour avoir d'autres effets physiologiques ; si les conditions s'y prêtent, il peut aussi aider à libérer les émotions réprimées. Cela prend du temps et l'environnement doit être sain, physiquement et émotionnellement. De plus, le toucher du masseur et son attitude doivent être attentifs et sensibles. Dans ces conditions, vous avez l'occasion d'être avec vos émotions réprimées et de les laisser aller, mais seulement si vous êtes prêt à les libérer. Les larmes sont le signe que le corps est en train de nettoyer les émotions. Soyez toujours gentil et aimant envers vous-même. Ayez confiance en ce que vous ressentez. Ne forcez jamais rien. Il a fallu du temps pour devenir ce que vous êtes et il en faudra encore pour changer.

Emotions négatives

Le Dr Vasant Lad enseigne que certaines émotions négatives ont une affinité avec certains organes (voir tableau ci-dessous). Toutes les expériences sont imprimées dans la mémoire des tissus musculaire. D'après la compréhension du corps en Ayurvéda, il y a des connexions spécifiques entre certaines émotions et certains muscles, et entre ces muscles et certains organes. Les couches de peau sont reliées aux sept niveaux de tissus ; ainsi, le massage peut agir sur tous les tissus.

ORGANES ET EMOTIONS NEGATIVES

ORGANE	EMOTION
Glandes surrénales	Anxiété, impression de manquer de soutien
Vessie	Insécurité
Côlon	Nervosité
Cœur	Impression de manque d'amour, sensation de profonde blessure
Poumons	Tristesse et chagrin
Reins	Peur
Vésicule biliaire	Haine
Foie	Colère
Intestin grêle	Sens de l'échec
Rate	Avidité, attachement, possessivité
Estomac	Manque de plénitude, manque de satisfaction

Relations

La vie est faite de relations. Votre bien-être affecte et est affecté par vos relations avec vous-même, votre corps, vos douleurs, vos pensées, vos émotions, votre partenaire, votre famille, vos amis, vos collègues, votre travail, vos loisirs et votre environnement.

Quand votre relation à vous-même est bonne, le reste s'équilibre. La clé, c'est de vous aimer vous-même, c'est-à-dire vous accepter exactement tel que vous êtes. En vous aimant, vous êtes capable d'aimer le reste de la création. Vous reflétez ce que vous êtes. La conscience de ce que vous êtes réellement et la compréhension de votre unicité va vous permettre de vous aimer vous-même. Ce faisant, vous vous donnerez le temps nécessaire au bien-être de votre corps, de votre esprit et de votre âme.

En apprenant à vous aimer, vous en viendrez aussi à vous respecter. Vous trouverez en vous les ressources qui vous permettront de corriger vos attitudes et votre vie, qui vous aideront à équilibrer vos autres relations. Si vous trouvez votre place dans la danse de la création, cela aidera ceux qui sont autour de vous à trouver aussi leur place.

Certaines situations de la vie ne semblent pas proposer la bonne solution, et vous aurez peut-être à faire face à des décisions difficiles et une acceptation douloureuse. Le fait de ne pas accepter une situation, de regretter vos actions, ou de ne pas vous sentir capable d'agir, tout cela vous prend de l'énergie et peut affecter votre santé physique.

Les qualités des émotions impliquées dans vos relations affectent vos doshas. S'il y a beaucoup de colère, pitta augmente. La peur dérange vâta. La possessivité affecte kapha. Si vous devez affronter des moments difficiles, prenez soin de votre santé physique en prenant les mesures nécessaires, dans votre alimentation et votre mode de vie, pour maintenir vos doshas en équilibre.

La pratique de la méditation et de l'attention vous aideront à comprendre vos relations. Apprenez à être observateur. Voyez ce qui se passe, mais ne jugez pas. De nombreuses communications humaines sont obscurcies par les filtres de blessures passées et d'attitudes critiques.

UN ESPACE POUR GRANDIR

Quand vos doshas sont équilibrés, les aspects positifs sont naturellement exprimés dans toutes vos relations. Par exemple, la communication (vâta), l'attention (pitta), et le soutien et la compassion (kapha). Cela donne de l'espace, permettant à toutes vos relations de grandir et se développer. L'espace donne de la place un amour inconditionnel, l'énergie de l'univers, source de guérison.

IDENTITÉ INDIVIDUELLE

Des opinions et des jugements impropres, ou le fait de renfermer de profondes blessures, peuvent créer une sensation d'isolement, de séparation, ou de division. Nous n'avons plus conscience de faire partie de la création universelle et ne pouvons en être séparés. Nous considérons nos blessures et nos douleurs comme personnelles quand nous oublions que nous prenons part aux douleurs, et aussi au joies de l'humanité.

Les pressions de la vie moderne nous rendent difficile le maintien du lien avec " ce que nous sommes réellement ", surtout si nous ne nous identifions qu'à nos émotions, nos pensées, notre esprit ordinaire, et notre corps physique. Lorsque nous percevons les niveaux cachés de notre être, nous approchons notre sagesse intérieure et réussissons à savoir " qui nous sommes réellement " — l'expérimentateur expérimente l'existence.

Il est important d'avoir une forte identité individuelle ou ahamkara (voir pp. 18-21), car ainsi nous ne sommes pas ouverts aux influences indésirables. En contruisant notre identité, l'esprit peut avoir envie d'acquérir du pouvoir et de se perpétuer, plutôt que de servir " celui que nous sommes réellement ". C'est une chose subtile, mais nous pouvons nous retrouver en train de nous définir d'après nos propres opinions et nos attitudes marquées. Dans ce cas, nous oublions " qui nous sommes réellement " et nous n'avons plus conscience du pourquoi et du comment de nos attitudes, et si elles sont toujours appropriées à notre bien-être.

C'est une partie très difficile et souvent douloureuse de nous-même que nous devons regarder là. Pour la plupart d'entre nous, cela touche à ce que nous considérons comme le coeur de notre être. Il faut du courage pour examiner, et peut-être changer ces structures de notre esprit. Souvent, il se crée lui-même des filtres qui colorent et affaiblissent notre connexion avec " celui que nous sommes réellement " et nous fait agir de manière à nous empêcher de réaliser tout notre potentiel.

L'identité, avec ses attitudes profondes, ne change pas facilement. Demandez-vous pourquoi vous pensez comme vous le faites aux problèmes qui affectent votre bien-être. Vos opinions vous aident-elles à obtenir le meilleur, ou bien une modification de votre approche ouvrirait-elle de plus grandes possibilités ? Si vous réalisez que vous résistez au changement, demandez-vous pourquoi, mais sans être critique envers vous-même. Le changement ne doit se produire qu'au moment approprié. Un changement graduel est préférable à un changement soudain et moins pénible.

Intégration

La méditation régulière — l'apaisement du mental — permet l'intégration graduelle de tous les aspects de son être.

QUI SUIS-JE ?

C'est une question qui n'a pas de réponse. Mais si elle est posée dans le calme ou la méditation, elle apporte une conscience grandissante de certaines parties de notre être qui sont au-delà des mots, un aperçu de " celui que nous sommes réellement ". Elle guérit les blessures intérieures et favorise l'intégration. Tout le monde ressent cela de différentes façons. Tout en continuant à vous demander " Qui suis-je ? ", votre sagesse intérieure grandira quelles que soient les circonstances extérieures, et une lumière brillera à travers toutes les douleurs que vous aurez encore à supporter.

Conscience et Méditation

La méditation conserve la santé mentale et émotionnelle en vous permettant d'être conscient de " celui que vous êtes réellement ". Si vous méditez déjà, continuez comme vous en avez l'habitude, sinon, la première étape consiste à s'entraîner à calmer l'esprit ordinaire (voir ci-dessous). Quand vous commencez, de nombreuses questions se posent : comment méditer correctement, que cherchez-vous à atteindre, ou comment pouvez-vous comprendre ce que vous ressentez ? Laissez passer ces questions sans vous en préoccuper ni essayer d'y répondre. Accordez-vous régulièrement un moment de tranquillité, pendant lequel vous pouvez être conscient de votre sagesse intérieure, qui peut vous guider dans tous les aspects de votre vie.

La vie est méditation

Méditer, cela peut être plus que passer 10 minutes matin et soir à laisser votre esprit se calmer, bien que ce soit important en soi-même. Vous pouvez vivre toute votre vie comme une méditation, comme l'observateur témoin de votre vie. Vous êtes quelqu'un de vital, conscient de la manière dont vos pensées et actions agissent sur votre bien-être et celui de ceux qui vous entourent.

Vivre sa vie dans un tel état de conscience est un savoir-faire qui nécessite que l'on s'y exerce jusqu'à ce que la pratique fasse partie de nous. Commencez par prendre quelques instants (à différents moments de la journée) pour observer en conscience ce que votre corps ressent. Faites-le à n'importe quel moment — à l'arrêt du bus, à votre bureau, en conduisant ou en préparant le repas. Les deux moitiés de votre corps sont-elles équilibrées, ou bien mettez-vous plus de poids d'un côté ? Ajustez votre posture si nécessaire, mais ne vous inquiétez pas si au bout d'un moment vous vous retrouvez à nouveau dans votre position habituelle.

CALMER L'ESPRIT AU QUOTIDIEN

Si la méditation est quelque chose de nouveau pour vous, voici un moyen simple d'apprendre à calmer l'esprit. Installez-vous confortablement, de préférence en vous asseyant sur le sol ou sur une chaise. Soyez assis avec la colonne vertébrale droite mais en étant détendu. Concentrez votre attention sur votre respiration. Observez-la qui entre et qui sort. Ne modifiez pas votre façon de respirez, observez simplement. A l'inspir, dites silencieusement " SO ", et à l'expir " HAM ". Quand vous remarquez que votre esprit s'est éloigné de votre respiration, revenez-y tranquillement et continuez avec " SO-HAM ".

Ressentez-vous une tension ou une douleur quelque part dans le corps — par exemple, dans les épaules ou les jambes ? Si c'est le cas, ne portez pas de jugement sur elle ni sur vous-même ; contentez-vous de bouger doucement les muscles tendus ou de frotter les points douloureux, et de continuer ce que vous faites.

Notez consciemment l'état de votre esprit au quotidien. Est-ce que cette petite voix qui murmure dans votre tête répète des jugements du passé et des inquiétudes sur l'avenir ? Est-ce que le bavardage interfère avec la clarté de votre esprit, obscurcissant vos perceptions et vos actions dans le présent ? Cette petite voix est une des choses les plus difficiles à contrôler. Soyez conscient du ton de ce bavardage. Il peut agir comme un lavage de cerveau. Souvent ces pensées répétitives sont peu aimantes et critiques envers vous-même. Même si vous pouvez pas les faire taire, vous pouvez changer le disque pour qu'il diffuse des messages positifs et aimants. Chaque fois que vous vous surprenez à avoir des pensées négatives, annulez-les mentalement et créez une pensées positive. Une période régulière de 10 minutes de tranquillité aide réellement à calmer l'esprit.

Au fur et à mesure que vous en apprendrez plus sur l'Ayurvéda et les doshas, vous remarquerez que votre conscience augmentera dans vos activités quotidiennes. Vous vous servez de votre pensée de manière qualitative pour voir ce qui se passe autour de vous et en vous, et vous faites ensuite des choix conscients au lieu des choix habituels.

> “ *“ La méditation est une des choses les plus sérieuses qui soient. Vous pouvez la pratiquer toute la journée, au bureau, en famille, quand vous dites à quelqu'un “ je vous aime ”, quand vous regardez vos enfants... Et vous trouverez à cette méditation une extraordinaire beauté ; vous agirez de manière juste à tout moment ; et si vous n'agissez pas comme il convient à un moment donné, ça ne fait rien, cela reviendra — vous ne perdrez pas votre temps en regrets. La méditation fait partie de la vie, elle n'est pas quelque chose de différent de la vie.* ”
>
> *Krishnamurti, Méditation ”*

8

Opérer des Changements

क्रमेणापचिता दोषाः क्रमेणोपचिता गुणाः ।
सन्तो यान्त्यपुनर्भावमप्रकम्प्या भवन्ति च ॥

Les mauvais effets ayant diminué graduellement et les bons effets ayant augmenté graduellement, atteignez (l'état de) non-récurrence et devenez stable.
*(**Ashtanga Hrdayam,** chapitre 7:50)*

Il vous faut appliquer l'Ayurvéda dans votre vie pour en ressentir les bienfaits. Avant que cela n'arrive, vous devez prendre en compte de nombreux facteurs. Et en examinant les qualités de votre vie de plus près, vous trouvez que les influences doshiques ne sont pas toujours nettes, créant la confusion au sujet de la dosha que vous devez pacifier. Vous finissez par penser qu'il vous faut les pacifier tous ! Alors, où devez-vous commencer ?

Tout d'abord, ayez confiance en vous. Vous sentez et pensez déjà en termes de qualités ; à présent, vous pouvez commencer à utiliser des informations qualitatives de façon logique et intuitive. Vous connaissez très bien votre esprit et votre corps, bien que souvent, votre sagesse intérieure paraisse obscurcie par des habitudes qui nuisent à votre santé.

Le tout premier pas vers le maintien de la santé consiste à vous assurer que vous avez une bonne digestion (voir p. 179) ; ceci prévient ama (voir p. 77) et fabrique des tissus sains, ce qui produit ojas en quantité suffisante (voir p. 56). Ojas, s'il n'est pas appauvri par un mauvais mode de vie, vous donnera une bonne immunité, à la fois physique et mentale. Cette immunité vous donnera beaucoup de résistance envers les influences doshiques que vous rencontrerez au jour le jour.

Vous devrez aussi observer la variété des expériences qui surviennent dans votre esprit et votre corps. Notez si elles se rapportent à des aspects positifs ou négatifs de vâta, pitta ou kapha. Ce faisant, vous remarquerez comment vous répondez aux différentes qualités de vos activités quotidiennes. Puis vous commencez à choisir les qualités que vous voulez incorporer dans votre vie. Vous apprenez à distinguer d'où viennent vos envies : qu'il s'agisse de votre sagesse intérieure équilibrant un dosha ou comblant un besoin véritable de votre esprit ou votre corps ; ou d'un dosha en excès, cherchant à s'augmenter elle-même selon le principe du “ semblable qui augmente le semblable ”. Développez votre conscience, car votre esprit au quotidien va utiliser des trucs pour semer la confusion en vous.

Revoir vos évaluations

La compréhension de vos doshas est un processus continuel, que vous suivrez automatiquement en apprenant à lire les doshas en vous et autour de vous. Aussi, vous devez revoir vos évaluations pour connaître les modèles doshiques de votre vie.

Si possible, essayez d'être conscient des sentiments profonds qui peuvent influencer votre vie de manière subtile. Ils seront très personnels et privés, mais s'ils sont laissés sans adresse, ils peuvent affecter graduellement votre santé de manière défavorable. Soyez l'observateur et soyez gentil avec vous-même à mesure que votre conscience de ces sentiments augmente.

Utilisez les informations figurant dans le résumé de vos évaluations (voir p. 181) pour vous aider à décider quelles zones de votre vie vous souhaitez changer. Assurez-vous que vous suivez le bon régime alimentaire pour pacifier votre dosha (voir pp. 154-5).

Si vous avez une quelconque indisposition courante ou un déséquilibre doshique (voir p. 63), il vous faut éliminer ou réduire les facteurs responsables de l'excès de dosha(s), ou pratiquer l'acceptation des facteurs dont vous sentez qu'ils ne peuvent pas changer (voir chapitre sept). Vous devez suivre un mode de vie qui pacifiera le (ou les) dosha(s) augmenté(s). En ayant affaire à votre déséquilibre ordinaire, essayez de ne pas perturber votre dosha prédominant, s'il est différent du dosha augmenté.

AMELIORER LA DIGESTION

- *Corrigez les facteurs qui perturbent votre agni (voir p. 76).*
- *Choisissez un régime compatible avec vos doshas (voir chapitre 6).*
- *Faites des exercices appropriés (voir pp. 96-7).*
- *Mangez à heures régulières et observez les règles pour les repas (voir chapitre 6).*
- *Utilisez des herbes et des épices qui stimulent agni et aident la digestion en préparant nourriture et boissons (voir pp. 158-65).*
- *Améliorez votre élimination (voir pp. 126-7).*

Quand vous n'avez pas de déséquilibres doshiques, suivez une alimentation et un mode de vie qui pacifieront votre (vos) dosha(s) prédominant(s). Cela vous aidera à fabriquer un " meilleur " équilibre alimentaire, et par là-même à prévenir indispositions et maladies, augmenter votre vitalité et ralentir le processus de vieillissement.

Revoyez les éventuels changements de votre mode de vie figurant sous ces rubriques : digestion, alimentation, travail, loisirs, exercice, moments de calme, routine matinale, et responsabilité envers les relations. Ecrivez vos propositions de manière positive plutôt que négative. Faites se concentrer l'esprit sur les nouvelles actions si bien que les anciennes s'étioleront par manque d'attention. Le changement doit être graduel pour être bénéfique. N'oubliez pas que si vous changez, vos proches auront à s'adapter à votre nouvelle personne.

Faites de grandes déclarations d'intention si vous souhaitez procéder à des changements importants, puis notez les premières petites mesures pratiques à prendre en vue d'un objectif plus grand. Dans votre liste générale, sélectionnez deux ou trois petites mesures afin de démarrer le processus de changement. Continuez à progresser de manière appropriée, jusqu'à ce que vous ayez appris à vivre et à réagir envers vos expériences courantes, non pas avec vos réactions habituelles, mais en faisant des choix conscients qui maintiennent l'équilibre naturel de vos doshas.

Variations saisonnières
Quelles que soient les circonstances, vous devez adapter votre mode de vie pour tenir compte des variations saisonnières (voir p. 150).

REGIMES

Votre corps s'est adapté à vos schémas alimentaires. Un brusque changement de régime peut entraîner une sensation de privation dans votre corps ou votre esprit. Mais si les changements sont effectués lentement, votre corps et votre esprit ont tous deux le temps de s'adapter.

Les changements de poids durables doivent être accomplis lentement. En général, un régime pacifiant kapha entraînera une perte de poids, tandis qu'un régime pacifiant vâta vous aidera à prendre du poids (voir pp. 154-5).

Un excès de poids peut être dû à de nombreuses causes, comme ama, une mauvaise digestion, de mauvaises combinaisons alimentaires, un faible agni, ou le fait de trop manger (soit pour satisfaire le désir de réconfort de l'esprit ou le besoin de prâna du corps).

Résumé d'évaluation

Servez-vous de l'évaluation de Martin (voir pp. 182-3) pour vous aider à récapituler vos propres données. Notez les doshas reliées (utilisez les questions suivants pour vous guider):

• Quelle est votre constitution ou votre (vos) dosha(s) prédominant(s) ? (voir pp. 38-41)

• Vos doshas sont-ils équilibrés ? (voir p. 63)

• Votre dosha prédominant ou tout déséquilibre est-il augmenté ou pacifié par :

- votre régime alimentaire
- les aspects de votre travail
- vos émotions non résolues
- vos relations
- vos activités de loisirs
- Vos attitudes
- Les événements de votre vie ?

VPK et la vie quotidienne

Les indications VPK ci-dessous vous rappellent les points clés à ajouter au régime approprié, pour une vie quotidienne adaptée à chaque type de constitution.

VATA

Ayez un rythme de vie régulier • Huilez-vous la peau régulièrement • Faites quotidiennement un peu d'exercice • Ayez beaucoup de sommeil et de repos • Restez au chaud • Nourrissez vos sens

PITTA

Réussissez vos ambitions sans vous mettre sous pression • Employez la critique constructive plutôt que la confrontation • Faites quotidiennement de l'exercice n'impliquant pas de compétition • Restez calme • Appréciez les activités extérieures qui vous mettent en question.

KAPHA

Variez votre routine • Ayez beaucoup de stimulation mentale • Faites quotidiennement des exercices vigoureux.• Levez-vous tôt, couchez-vous tard • Restez au chaud.

***Attention** : Si vous suivez un quelconque traitement médical, les changements de régime ou de mode de vie doivent être effectués en accord avec votre médecin traitant. Cependant, si vous suivez un bon régime et observez un mode de vie correct, cela vous aidera quel que soit le traitement que vous suivez.a*

EVALUATIONS DE MARTIN

Le profil ayurvédique de Martin a été décrit page 105 et son régime alimentaire établi page 157. Ici, sa vie est reliée à VPK, et les changements et premières mesures recommandés.

Age : 45 ans	*Age pitta*
Constitution	*Pitta*
Indispositions	
Indigestion acide	*Pitta*
Boutons/taches	*Pitta*
Infections pulmonaires	*Pitta*
Maux de tête	*Pitta/Vâta*

Evénements de la vie/Relations

A 18 ans Université	*34 ans Naissance de la fille*
28 ans Partenaire d'un cabinet juridique	*37 ans Naissance du fils*
31 ans Marié	*38 ans Décès du père*

Tous ces événements changent et augmentent vâta, mais n'ont pas eu d'effet notable sur sa santé. A 28 ans, il a réalisé une ambition, mais n'a pas de buts définis depuis.

Routine matinale	
Erratique, précipitée	*Vâta*
Travail	
Responsabilités	*Pitta*
Sédentaire	*Kapha*
Voyages	*Vâta*
Défis	*Pitta*
Beaucoup d'exigences	*Pitta/Vâta*
Frustrations	*Pitta*
Interruptions	*Vâta*
Loisirs	
Squash	*Pitta*
Repas en société et cocktails	*En excès, augmenteront pitta, kapha*
Digestion	
Forte, rapide	*Pitta*
Régime	*Pitta*
Attitudes et émotions	
Frustrations	*Pitta*
Crainte profonde de l'échec	*Pitta*
Crainte profonde du vide dans la vie	*Vâta*

Résumé des évaluations de Martin

Le profil de Martin révèle un déséquilibre de pitta et de nombreuses influences pitta, bien qu'il y ait aussi des facteurs d'augmentation de vâta. Dans le passé, sa santé n'a pas été affectée par une augmentation de vâta. Mais si les facteurs augmentant vâta ne sont pas " repérés", ils seront plus susceptibles d'entraîner des indispositions quand il approchera l'âge vâta. Son corps aura alors moins de résistance pour supporter les autres déséquilibres dus à l'augmentation prolongée de son dosha pitta.

Martin a examiné de près ses sentiments profonds. Pendant la période de vingt à trente ans, il a employé son énergie pitta naturelle et ses facultés mentales qui en étaient la manifestation à acquérir ses diplômes et sa réputation professionnelle. Il a développé l'habitude de réussir, car en plus de ses dons intellectuels, il lui fallait être très orienté vers un objectif pour pour réaliser son ambition. Cette habituelle manière de travailler (qui augmente pitta), combinée à une peur profonde et intime de l'échec, l'enferme dans un mode de vie " pittagénique ". A moins qu'il n'opère des changements, un tel mode de vie va l'entraîner des stades précoces jusqu'aux plus avancés du processus de la maladie.

Si Martin pouvait diminuer son excès d'énergie pitta, il aborderait plus facilement la période de maturité de sa carrière, récoltant les gros bénéfices du dur travail accompli précédemment. Il sait à présent qu'il doit faire bon usage de son énergie pitta naturelle, non seulement pour lui-même, mais aussi pour sa famille et ses collègues.

Changements suggérés pour réduire Pitta chez Martin

Régime pacifiant Pitta (voir pp. 133-43)

Travail — Diminuez les exigences, frustrations et interruptions en dirigeant une équipe auprès de qui vous pouvez déléguer en confiance, et dont le respect augmentera en partageant son expérience, en reconnaissant leurs forces et en critiquant de manière constructive leurs faiblesses.

Activités de loisirs/Exercice — Plus d'activités extérieures avec sa famille, par exemple la bicyclette. Quelque séances individuelles de yoga avec un thérapeute pour déterminer les exercices appropriés qu'il peut pratiquer tous les jours, qu'il soit chez lui ou en voyage.

Routine matinale — Se lever suffisamment tôt pour pratiquer une demi-heure de yoga ou avoir un moment de tranquillité. Prendre le petit-déjeuner avec ses enfants.

Responsabilité envers les relations — Consacrer un temps ininterrompu aux enfants/à sa femme sans attendre de réponses ni de résultats (puisqu'ils n'en ont pas l'habitude, les attentes limiteront ce qui pourrait se développer). Disposer d' un meilleur équilibre entre l'énergie et le temps passé à travailler et la famille.

Les premières mesures de Martin

Martin reconnaît qu'il a besoin d'opérer des changements, et de s'écarter de sa routine matinale ; les changements qu'il note sont d'ordre général. Ses premières mesures sont : prendre le petit déjeuner en même temps que ses enfants ; choisir plus soigneusement les aliments quand il mange à l'extérieur ; prendre conscience de son impatience ou de son côté critique avec son assistant ; réfléchir à des moyens plus appropriés pour répondre et prendre rendez-vous avec un thérapeute pratiquant le yoga.

Prendre Conseil

Si vous vous sentez incertain des mesures à prendre pour changer de mode de vie et si vous souhaitez un conseil ayurvédique, vous pouvez chercher, soit un médecin ayurvédique, soit un praticien. Le premier a eu une formation intensive et rigoureuse : un degré en médecine ayurvédique et en chirurgie, qui nécessite cinq ans d'études, est suivi par une période de pratique supervisée — semblable à l'internat des médecins occidentaux récemment diplômés.

En 1980, le Dr Robert Svoboda (qui a écrit la préface de ce livre), fut le premier Occidental à avoir obtenu un tel diplôme d'une université ou d'un collège reconnu. Il est l'un des rares médecins ayurvédiques complètement formés exerçant en Occident. Cette situation va peut-être changer lentement. En Inde, il y a plus d'étudiants en Ayurvéda que jamais qui reçoivent une formation et plus de cliniques ayurvédiques qui s'occupent d'Occidentaux.

Ordinairement, en Occident, l'Ayurvéda est d'abord utilisé pour prévenir et soulager des désordres digestifs. De plus en plus d'Occidentaux cherchent à se former à ses principes et sa pratique. Ils pourront devenir des praticiens ayurvédiques, pas des médecins. Ceux qui sont déjà suffisamment formés peuvent offrir leurs conseils pour le panchakarma (voir p. 186), les plantes, l'alimentation et le mode de vie. Certains praticiens de santé occidentaux et thérapeutes alternatifs reçoivent un enseignement en Ayurvéda pour compléter leurs compétences. Cela leur permettra de faire des évaluations individuelles, d'être plus efficaces dans le choix de leurs traitements, et de proposer des conseils en diététique et sur le mode de vie, en utilisant les principes ayurvédiques.

Il peut être difficile de trouver un médecin ou praticien ayurvédique. Non seulement ils sont actuellement fort peu nombreux, mais les normes peuvent varier. Mais cela aussi va changer. Des normes de formation pour différents niveaux de praticiens vont être établis. Aussi, lorsque vous essayez de trouver un médecin ou un praticien ayurvédique compétent, servez-vous de votre bon sens et soyez guidé par votre sagesse intérieure — ne laissez pas votre bon jugement être obscurci par un désir désespéré de trouver de l'aide.

Evaluer la mauvaise santé

Un bon sens de l'observation et une profonde compréhension du corps permettent aux médecins ayurvédiques de déchiffrer des informations sur la santé et la maladie à partir de petits signes. Ils établissent ensuite une image complète de l'équilibre ou du déséquilibre doshique d'un patient. En faisant son évaluation, le médecin a besoin de s'assurer quels sont les doshas, les tissus, les canaux et les organes affectés, et devra découvrir votre constitution, la force de votre agni et votre force pour entreprendre un traitement.

Les médecins posent des questions pour confirmer les évaluations qu'ils font en prenant les pouls ou en examinant la langue, l'iris, le visage, la peau, l'urine et les selles.

Traitements ayurvédiques

En Ayurvéda, l'objet du traitement est de rétablir l'équilibre naturel des doshas du patient en les pacifiant, éliminant ainsi la cause de la maladie ainsi que les symptômes. Une fois l'équilibre doshique réinstauré, les tissus affaiblis par la maladie ont besoin d'être régénérés. L'efficacité du traitement dépendra de nombreux facteurs, dont votre force physique et mentale à surmonter la maladie, la durée pendant laquelle vous en avez souffert, votre âge, votre application à suivre les conseils et la précision de ceux-ci. Plus la maladie que vous avez eue a été longue, plus il est long et difficile de rétablir votre équilibre doshique. Il est aussi plus difficile de rétablir l'équilibre doshique et de régénérer complètement les tissus quand vous êtes dans l'âge vâta, car votre métabolisme se ralentit naturellement.

Plantes, panchakarma (voir p. 186) et shirodhara (voir ci-contre) sont les principaux traitements ayurvédiques utilisés en Occident, mais de nombreux autres qui sont maintenant accessibles en Occident en tant que thérapies complémentaires sont utilisés en Ayurvéda depuis des milliers d'années. Ils incluent le massage, la manipulation des points "marma" [vitaux] (semblable à la digitopuncture), la thérapie par les couleurs et les pierres précieuses, les essences et remèdes potentialisés, la musique et le chant, la méditation, le yoga, et l'équilibre de l'énergie des nadîs (sur laquelle se base la thérapie de la polarité).

SHIRODHARA

Shirodhara est le flot continu d'huile chaude répandue sur le front. Il peut procurer un état très profond de relaxation et aide à libérer les émotions profondes non résolues. C'est très apaisant pour un esprit agité. Shirodhara peut aussi faire partie d'un programme de panchakarma.

L'emploi des herbes

En Ayurvéda, les herbes sont souvent employées pour pacifier (et pour la régénération qui suit) et plus généralement pour maintenir la santé. Un grand choix de plantes est disponible et leur efficacité est due à la connaissance détaillée de leurs actions spécifiques, ou prabhava (voir p.xxx), et à leur répartition correcte par rapport aux doshas, tissus et agni.

L'Ayurvéda considère les plantes pour leurs qualités et pour les effets qu'elles ont sur le corps et les doshas. Elle est donc concernée par l'action globale de renforcement ou de diminution sur le corps, et non pas l'ingrédient " actif " de chaque herbe. En Ayurvéda, un médicament doit faire son travail dans le corps et se retirer sans effets secondaires. Bien que de nombreuses formules ayurvédiques de plantes soient disponibles sous forme de toniques généraux, des traitements individuels sont subtilement adaptés à la constitution du patient et aux conditions spécifiques existantes, de même qu'aux doshas et aux tissus impliqués.

Panchakarma

Si vous en avez la force physique, le médecin peut proposer une purification sous la forme de panchakarma. Ce profond processus de nettoyage, qui est spécifique à l'Ayurvéda, permet au corps de libérer les doshas en excès et les toxines de ses cellules, les rassembler dans l'appareil gastro-intestinal et les expulser. Panchakarma signifie cinq actions, qui sont : le vomissement thérapeutique pour enlever l'excès de kapha, la purgation thérapeutique pour enlever l'excès de pitta, le lavement thérapeutique pour enlever l'excès de vâta, des instillations nasales en cas de maladies de la tête, des saignées en cas de troubles sanguins.

Le corps doit être bien préparé depuis plusieurs jours. La préparation comprend des massages à l'huile profonds et généreux suivis par un traitement de vapeur. La vapeur aide l'huile à pénétrer la peau tout en libérant les toxines à la surface. On peut employer des herbes avec l'huile ou la vapeur. Une fois que l'huile a pénétré profondément et que le corps est complètement préparé, l' "action " appropriée est entreprise. Chaque programme de panchakarma est façonné individuellement aux mesures du patient.

Le diagnostic du pouls

Certains médecins ayurvédiques se fient uniquement au diagnostic du pouls pour déterminer l'état de santé. Il est pris habituellement à l'artère radiale du poignet ; c'est une technique qui requiert une grande sensibilité, de la clarté, et du dévouement. Dans les mains d'un expert, il est très précis, bien que vous puissiez trouver déconcertant d'avoir droit à une aussi brève consultation.

PACIFICATION

Cela implique : " brûler " ama, calmer agni et enlever les doshas en excès, employer des plantes, jeûner sous contrôle, exercice et prânayama.

Attention *: Panchakarma est très puissant et doit être dirigé par un praticien expérimenté*

INDEX

Bibliographie

OUVRAGES EN FRANÇAIS :

Aux éditions Dangles :
- *La médecine Ayurvédique*, Gérard EDDE, 1983.

Aux éditions Guy Trédaniel :
- *Traité d'Ayurvéda tome 1, Médecine naturelle de l'Inde*, Gérard EDDE, 1987.
- *Constitution et santé selon la Médecine Ayurvédique,* Gérard EDDE, 1989.
- *Maternité et Ayurvéda,* Gérard EDDE et Michèle LECŒUR, 1991.
- *Traité d'Ayurvéda tome 2 Ayurvéda pratique pour l'occident,* Gérard EDDE, 1992.

A paraître :
- *Ayurvéda : La science de l'autoguérison* par le Dr Vasant Lad.

Aux éditions de la Table Ronde :
- *Le Livre tibétain de la vie et de la mort,* Sogyal Rinpoché, avant propos par Sa Sainteté le 14ème Dalaï Lama.

Publication de l'Institut Français d'Indologie (I.F.I.)
- *La Haritasamhita* : texte médical sanscrit avec un index de nomenclature ayurvédique, 1974, traducteur Alix Raison.

Aux éditions EDIRU :
- *La science du Tridosha* du professeur Benoytosch Battacharya, 1984.

OUVRAGES EN LANGUE ANGLAISE :

- *Charaka Samhita* Vols I-III Editor-translator prof. Priyavrat Sharma (Chaukhambha Orientalia, Varanasi, India, 1985).
- *Astanga Hrdayam* Vol I Translated by prof. K.R.Sri Kantha Murthy (Krishnadas Academy, Varanasi, India, 1991).

CRÉDITS PHOTOS :

Robyn Beeche 107. Comstock Photo Library 2, 7, 11, 42-43, 51, 171. En couleur (Jean Paul Nacivet) 95. Fausto Dorelli 115, 119. Garden picture library (John Glover) 82-83. Tim Hill 54-55, 110-111, 139, 147, 158-159, 163. Hutchison Library (Dave Brinicombe) 71. David Pearson pictures Colour Library Ltd (Helga Lade) 87. Science Photo Library (Secchi-Lecague/Roussel-Oclaf/CNRI) 23. Telegraph Colour Library (Roger Antrobus) 14-15. The Trustees of the Wellcome Trust 175.

DÉJÀ PARUS

chez le même éditeur dans la même collection :

•*L'art Taoïste du massage sensuel*
par Stephen Russell et Jürgen Kolb

Ce guide unique décrit pas à pas l'ancien système taoïste du massage sensuel qui vous aidera à libérer votre énergie sexuelle, décuplant par là-même votre puissance créatrice.

• *Couleurs et lumière, source de santé et de bien être*
par Theo Gimbel

Cet ouvrage redonne ses lettres de noblesse à l'art antique de la chromothérapie. "Le pouvoir curatif des couleurs, ses liens avec les sciences passées, présentes et à venir" y sont explicités.

• *La Thérapie par les Sons*
L'autoguérison par la musique
et l'expression vocale
par Olivea Dewhurst-Maddock

Il s'agit de mettre à profit notre voix, ou la musique, pour exploiter l'énergie vibratoire du son qui influence pouls, respiration, émotions, mais aussi l'équilibre des courants énergétiques qui baignent notre être.

•*La voie de l'énergie*
par le Maître Lam Kam Chuen

Un des livres les plus importants sur les exercices de gymnastique énergétique chinoise.

•*Le Livre du Shiatsu, vitalité et santé par l'art du toucher*
par Paul Lundberg

Trés bel ouvrage en couleur sur cette thérapie curative naturelle, utilisée pendant des millénaires, qu'est le Shiatsu.